KB000891

아동권리보호와 연구윤리

한국아동권리학회 편

머리말

한국아동권리학회가 창립되어 아동의 권리 옹호를 위한 학회활동을 해온 지도 곧 10년이 되어 간다. 사회 전반에서 인권의 중요성을 논하기 이전이던 학회 창립 당시, '아동의 권리'라는 용어는 학계에서도 낯선 것이었으나, 이제는 주요한 연구 주제이자 실천적 용어로 인식되게 되었다. 이제 우리 사회는 인권의 보호에 대한 의미를 공유하게 되었고 개인의 권리에 대한 보호와 권리 실현은 사회의 주요한 이슈가 되었다. 사회 구석구석에서 권리를 보호받지 못하는 취약 계층에 대한 권리 보장이 강조되고, 취약 계층으로서 아동의 권리는 더욱 관심의 대상이 되고 있는 것이다.

아동의 권리를 보호하기 위해서는 다각적인 노력이 필요하다. 학계에서도 아동을 대상으로 하는 연구는 해마다 증가하고 있다. 대학원 진학자가 늘어나면서 석·박사 학위논문의 수가 기하급수적으로 늘고 있고, 아동학, 유아교육학, 아동복지학, 아동의학 등의 분야에서 보고되는 학술논문의 수도 급증하고 있다. 그러나 연구자들의 아동의 권리에 대한 인식은 매우 희박하다. 연구자들은 학부와 대학원에서 연구를 수행하는 데 필요한 통계학, 방법론 등의 교과목을 수강한다. 하지만 인간을 대상으로 하는 연구과정에서 지켜야 할 윤리기준이나 이에 더하여 아동을 대상으로 하는 연구에서 보강하여야 할 연구윤리기준에 대해서는 체계적으로 배우지 못하는 경우가 많다. 그런가 하면 연구에 참여하는 아동 역시 자신의 권리가 무엇인지 알지 못하고 자신의 권리를 보호할 수 있는 기회조차 갖지 못한다. 그 때문에 일어나는 윤리적인 문제도 많다. 따라서 연구자의 윤리적 의식이 더욱 요구되고 있다. 연구자에게 연구란 인간의 삶을 이해하고 인간의 삶이 변화할 수 있도록 하기 위한 노력의 일환이 되어야 한다. 따라서 연구에 참여하는 연구대상자의 권리보호는 연구자의 의무다.

외국의 경우 이미 연구에 참여하는 인간의 권리를 보호하기 위한 제도와 법적인 장치를 마련하여 왔다. 제2차 세계대전 시 나치 독일에 의해 행해진 생체실험의 비윤리성을 경계하고자 1949년 뉴렌버그 코드가 제정되었다. 이후에도 헬싱키 선언, 벨몬트 보고서 등 인간을 대상으로 하는 연구에서 지켜야 할 윤리기준과 45 CFR 46 규정 등 관련 법규들이 속속 마련되었다. 그 결과 연구자는 반드시 모든 연구 참여자로부터 연구에 참여하겠다는 자발적인 동의를 받고 연구를 시작해야 하며, 연구의 과정에서 연구 참여자들을 신체적, 심리적 위험에 빠뜨리지 않도록 최선을 다하고 있다.

특히 아동을 연구대상으로 하는 연구를 시작하려고 할 때 연구자는 인간을 대상으로 하는 연구에서 지켜야 할 윤리기준 외에 추가되어야 할 아동 연구 윤리기준을 이해하고 있어야 하며, 성인을 대상으로 하는 연구를 수행할 때보다 더욱 강한 책임감을 갖고 연구를 수행하도록 요구받게 되었다. 즉, 연구자는 이 연구가 성인을 대상으로 해도 무방한 것인데, 아동을 연구대상으로 참여시키기가

용이하다는 이유로 아동 연구를 하려는 것은 아닌지 신중하게 돌이켜보아야 한다는 것이다. 그리고 성인을 대상으로 한 연구의 설계와 과정이 무해하였다고 이를 아동을 대상으로 한 연구에서 그대로 반복해서는 안 된다. 연구자는 예기치 못한 문제나 위험이 발생하였을 경우 지금까지 들였던 시간과 노력, 비용에도 불구하고 아동 연구대상자를 보호하기 위해 즉각 연구를 중단하거나, 동료 연구자들의 자문을 구해 설계를 변경하여야 한다.

이처럼 아동을 대상으로 하는 연구과정에서 아동의 권리를 보호해야 하는 많은 배려가 요구된다. 그러나 아동을 연구대상으로 하는 연구가 늘어나고 있음에도 불구하고 이들의 권리를 보호하기 위한 연구자 윤리지침은 진지하게 다루어지지 못하고 있다. 이러한 현실에 주목하여 한국아동권리학회에서는 '아동권리 보호와 연구윤리' 라는 주제로 학술대회를 개최했는데, 그 자료를 보완하여 이 책을 내게 되었다.

이 책은 아동을 대상으로 하는 연구에서 지켜야 할 아동의 권리와 윤리기준에 대해 살펴보는 것을 목적으로 저술되었다. 구체적으로 아동 연구 관련 윤리지침 및 규정의 역사, 아동을 대상으로 한 실험연구, 관찰 및 조사연구에서 지켜야 할 윤리기준, 학대연구 및 대중매체에서 지켜져야 할 아동의 권리와 조사윤리, 외국의 아동 연구 윤리기준과 정책 등을 살펴보고, 끝으로 우리나라 아동 연구에서 지켜야 할 윤리기준 안(案)을 제시하였다.

이 책이 아동을 대상으로 하는 연구를 수행하는 연구자들에게 연구자의 윤리가 무엇이며, 어떠한 점에서 연구의 윤리가 지켜져야 하는지를 되돌아보고 연구의 질을 향상시키는 계기가 되기를 바란다. 그리고 무엇보다 아동을 연구대상으로 하는 학위논문과

각종 연구논문을 읽고, 배우며, 나아가 이를 작성하게 될 후학들이
아동권리와 연구윤리에 대해 성찰해보는 데 구체적인 도움이 될
수 있기를 기대한다.

2005년 4월

한국아동권리학회장

이재연

차 례

제3부 학대연구 및 대중매체에서의 아동

제4부 아동 연구 윤리의 제도 및 규정

제 1 부

연구 참여자로서의 아동의 권리

제1장 연구와 아동: 윤리적 관점

제1장

연구와 아동: 윤리적 관점

1. 아동 연구와 윤리지침의 필요성

아동 연구는 수량적 측면으로 국한해 보더라도 지난 수십 년간 국내에서 상당한 진전이 있었다. 1980년대 초 이후 20년간 아동 관련 주요 학술지에 보고된 논문들 가운데 아동을 대상으로 한 연구는 이론 연구와 실천 연구를 포함하여 무려 4.5배나 증가하였다(이옥, 2000). 아동 연구의 증가는 여러 가지 의미를 갖는다. 무엇보다도 연구자들의 아동에 대한 학문적 관심의 증대를 의미한다. 다른 한편으로 아동의 입장에서 볼 때, 아동 연구의 증가 경향은 아동들이 연구대상자로서 그만큼 빈번하게 연구에 개입되고 있음을 의미한다. 최근 들어 아동 연구방법상 경험적 접근(empirical study)이 주로 시행되는 것은 아동이 연구과정에 직접 참여하는 사례가 많아

지고 있음을 나타내는 것이다(정선아 · 이혜경, 2003).

1) 과학적 연구방법과 연구 윤리

자연과학과 의학은 물론 사회과학에서도 가능하면, 객관적 연구가 이루어져야 한다는 주장이 학계에 수용되면서, 아동을 경험적으로 탐구하려는 연구자들의 의욕이 더 높아지고 있다. 또한 연구자들은 연구결과를 일반화할 수 있도록 하기 위하여 될수록 많은 아동의 자료를 수집하는데 관심이 크다. 그런데 아동 자료의 수집과정에서 아동들이 어떤 방식으로 연구대상자로 선정되어 참여하고 있는지에 대해서는 그리 큰 관심을 기울이고 있지 않다. 물론 아동을 대상으로 한 많은 연구들이 연구대상으로 특정 아동을 선정하게 된 과정은 연구보고서에 설명하고 있다. 그러나 자료 수집의 척도나 자료의 분석과정에 관한 설명에 비하면 아주 미미하게 다루어지고 있을 뿐이다.

연구보고서에서는 흔히 연구문제의 중요성과 긴요함이 연구의 객관적, 과학적 접근방법을 정당화시킨다. 그리고 과학적 접근이 이루어졌음을 제시하기 위해 주로 척도와 표집의 타당성과 신뢰성을 드러낼 수 있는 연구과정이 중요하게 진술되고 있다. 하지만 연구대상자 선정과정이 주로 표집의 타당성, 또는 과학성을 제시하려는 목적에서 설명되고 있을 뿐이다. 표집과정에서 아동의 자발적 의사로 연구 참여가 이루어졌는지, 혹시라도 아동에게 심리적 부담을 주는 척도의 검토과정이 있었는지에 대해 진술된 연구는 극히 드물다.

대개는 연구대상자를 선정, 참여시키는 모든 연구과정을 연구자의 상식과 양심에 맡기고 있다. 연구자가 연구과정에서 지켜야 할 윤리에 대해서 제대로 교육을 하고 있지 않다. 사람을 대상으로 한 연구에 있어서 반드시 고려해야 할 윤리적, 도덕적 지침이 연구자에게 중시되지 않고 있다. 나아가 연구의 법적 기준이 없고, 통제할 제도적 기구도 없다. 단지 연구자들의 상식과 도덕적 판단에 의하여 과학적으로 연구하기를 기대하고 있는 것이다.

사람을 연구대상으로 하는 연구에 대한 지침과 기준이 아직 마련되어 있지 않은 것은 우리 사회의 낮은 인권의식을 보여준다. 굳이 연구 분야가 아니더라도, 교육행정정보시스템(NEIS)이나 대학생 통계정보시스템의 도입과 관련된 논란과 우려는, 아직 개인의 보호에 대한 제도적, 법적 안전장치가 없어 다분히 인권침해의 문제를 낳을 수 있는 우리의 현실에서 비롯된 것이다.

아동들이 어떠한 경로로든 연구대상으로 참여할 때, 아동들은 일반 성인에 비해 여러 측면에서 상대적으로 취약한 지위에 있다. 거의 모든 연구가 성인에 의하여 주도되며, 성인들이 연구대상자를 결정하고 아동들은 참여하게 된다. 연구목적이나 연구방법에 대해 아동들은 잘 모를 수 있다. Hurley와 Underwood(2002)의 연구에 의하면 아동들은 12세 정도가 되어야 연구를 대략적으로 이해하고 스스로 연구 참여 여부를 결정할 수 있다. 그러나 연구의 진정한 목적이나 연구 자료의 용도에 대해서는 12세 아동들도 제대로 이해하지 못한다는 것이 이들의 주장이다.

연구에 참여한 아동들은 때때로 난처한 질문을 대하기도 한다. 이 점은 성인의 경우도 마찬가지지만 대부분의 성인들이 자신의 의사표시를 할 수 있는 데 반해 아동들은 대다수가 그렇지 못하다. 정신적 결함을 가지고 있는 성인 등 예외가 있긴 하지만 대개의 경우 성인은 연구 참여 여부를 스스로 결정한다. 아동들은 개인의 자발적 의사와 상관없이 이들의 교육자나 양육자의 동의로 연구에 개입되거나 연구자가 임의로 아동을 연구에 참여시키기는 일이 많다.

이처럼 연구대상 아동의 자발적 의사가 고려되지 않는 관행에 대해서 그 심각성을 지적하지 않고 있는 우리의 아동 연구 풍토는 개선되어야 할 것이다. 아동 연구는 아동을 위하여 필요하고 중요한 문제를 다룬다. 아동 연구의 결과는 궁극적으로 아동의 복리와 관련된다. 그러나 아무리 연구의 결과가 아동들에게 이익을 가져온다고 하더라도, 연구과정에서 아동 개인의 권리가 침해되는 일이 정당화될 수는 없다.

연구의 객관성과 연구결과의 보편화를 위하여 아동에 관한 경험적 연구는 더욱 중요시된다. 따라서 관찰, 조사, 실험에 아동을 참여시키는 일은 더욱 긴요해지고 그 수는 더욱 증가할 것이다. 이제 우리도 아동을 대상으로 한 연구를 연구자의 윤리 의식에만 맡길 것이 아니라, 아동의 권리를 침해할 수 있는 부분에 대해 진지하게 논의하고 이에 따른 윤리적 기준을 제도적으로 마련할 필요가 있다.

2) 아동 연구와 아동권리협약

아동의 보호와 아동 고유의 권리를 보장하기 위한 국제적 노력의 결실인 유엔의 아동권리협약이 1989년 11월 채택되어 국제법으로 공포되었다. 아동권리협약은 2000년 현재 191개국이 비준한 국제협약으로서 당사국이 보호해야 할 아동의 권리를 가장 포괄적으로 명시하고 있다. 아동권리협약의 일반원칙 가운데 '아동의 생존, 보호, 발달의 원칙'은 아동 연구에서의 아동권리 보호를 위한 국가의 의무를 일깨우고 있다. 보다 직접적으로는 '아동의 최선의 이익 원칙'과 '아동의 의견 존중 원칙'이 아동 연구에 대한 당사국의 제도적 지원의 의무와 관련된다고 볼 수 있다.

아동 최선의 이익의 원칙은 아동 관련 활동에 있어서 그 활동이 공적 또는 사적으로 행해지든 간에 아동의 최선의 이익을 고려해야 함을 의미하는 것으로, 연구과정과 연구결과가 모두 아동에게 최선의 이익이 되어야 함을 시사한다. 연구 자체가 아동을 위한 연구로서 정당화되더라도, 연구과정에 참여 또는 개입되는 아동에게 이익이 되지 못하거나 그 이익을 우선적으로 고려하지 않는다면, 그 연구는 아동권리협약의 원칙을 무시한 것이다.

아동의 생존, 보호, 발달의 원칙은 아동 고유의 권리로서 아동의 생존, 보호, 발달을 위한 국가의 의무를 의미하며, 아동 연구가 아동들의 생존과 보호, 발달을 위한 연구일 때 정당화될 수 있음을 시사한다. 그리고 아동 연구에서는 아동 개인에게 해로운 연구과정이 객관성과 과학성, 또는 일반화를 위한 목적으로 정당화될 수 없으며, 국가는 이러한 연구를 통제할 수 있는 제도를 마련해야 함을 의미한다.

아동의 의견 존중 원칙은, 자신의 견해를 형성할 능력이 있는 아동이 자신에게 영향을 미치는 모든 문제에 대하여 스스로의 견해를 자유롭게 표현할 권리를 보장하여야 한다는 것으로, 아동의 자기 결정권을 의미한다. 이는 아동 연구와 아동 연구과정에 대한 아동의 이해가 전달되어야 하고 아동이 자신의 자발적 의사에 따라 연구 참여 여부를 결정할 수 있도록 해야 하는 것이다. 특히, 아동의 의견 존중 원칙은 아동권리협약의 12조에 아동의 소리가 청취되고 받아들여져야 할 권리로 규정되어 있으며, 13조의 표현의 자유에 대한 권리, 16조의 사생활 보호에 대한 권리, 17조의 정보 접근 권리로서 명확하게 명시되어 있다. 아동권리협약의 정신과 내용에 의하면, 연구대상 아동은 자신의 의견을 가질 수 있고, 그 의견은 청취되고 연구과정에 반영되어야 한다. 아동은 연구에 참여하지 않을 권리가 있으며 연구에 참여한 아동은 사생활을 침해받지 않을 권리가 있다. 이러한 아동의 권리와 함께, 아동들은 연구의 목적과 내용, 절차 등에 대해 충분히 알 권리가 있다.

2. 아동 연구와 아동권리의 침해

1) 인간 연구의 정의와 연구방법

미국의 보건후생성(Department of Heath and Human Service: DHHS)에 의하면, 연구란 보편적 지식을 개발하거나 보편적 지식에 기여하기 위해 고안된 체계적 조사로 정의된다. 또한 미국의 연구심의위원회(Institutional Review Board: IRB) 지침[1]에 의하면 인간 대상 연구는 일반적 지식을 개발하거나 일반지식에 기여하기 위해 고안된 체계적 조사로서, 생명 있는 인간을 조사하는 연구로 정의된다.

인간을 연구대상으로 하는 연구는 흔히 의학연구와 행동과학적 연구에서 진행되는 것으로 여기서 연구의 개념은 치료적 처치와는 구분된다. IRB의 기준에서도 인간 대상 연구(research)를 치료(practice)와 구분하고 있다. 벨몬트 보고서(Belmont Report)[2]에 의

---

1) http://ohrp.osophs.dhhs.gov/irb/irb_guidebook.htm

하면, 치료는 개인 또는 환자의 안녕을 증진하기 위해 계획, 고안
되고 이의 성공에 대한 기대를 갖고 개입하는 행위이다. 즉, 특정
개인에 대한 진단과 예방적 처치 또는 치료를 제공하는 것이다. 반
면에 연구는 가설을 검증하고 결론이 도출되며 그 결과 지식의 일
반화에 기여하도록 고안된 활동으로 정의된다. 연구는 이처럼 지
식의 일반화를 목적으로 일련의 체계적 과정이 서술되는 것이다.
인간 대상 연구는 실험적 처치(innovative therapy)와도 구분된다. 연
구와 실험 처치 모두 전문적 치료와는 구별되나, 연구의 우선적 목
적은 보편적 지식의 획득인 반면 실험적 처치는 환자의 치료
(patient care)가 우선하는 목적이라고 할 수 있다.

　보편적 지식 탐구의 영역은 무한히 넓으며 지식 탐구를 위한 연
구의 방법은 보편적 지식에 기여할 수 있도록 계속 개발, 발전되고
있다. 사람을 연구대상자(human subject)로 포함시키는 연구 역시
이러한 추세에서 예외일 수 없다. 계량적 자료에 의한 경험적, 과학
적 탐구는 사회과학에서도 이미 보편적인 연구방법으로 자리 잡고
있다. 연구자들은 자료와 자료수집 과정의 타당성, 신뢰성에 큰 관
심을 갖고, 보다 더 과학적으로 보편적 지식에 기여할 수 있는 연구
방법을 찾는다. 그리고 연구결과의 유용성에 초점을 맞추는 경향
이 있다. 그러나 사람을 대상으로 한 연구, 특히 개인의 자료를 수
집하는 연구에서 연구방법의 윤리적 측면에 대한 관심은 연구방법
의 객관화, 과학화, 연구결과의 유용성을 추구하는 연구자들의 열
정에 비하면 크게 못 미친다.

　미국 연구기관의 IRB 지침은 사람을 연구대상으로 한 연구에서

2) http://ohrp.osophs.dhhs.gov/humansubjects/guidance/belmont.htm

개인과 사회에 이익이 되지 않는 연구방법이 고안될 경우, 연구대
상자를 위험에 노출시킬 수 있는 윤리적 문제가 예상되므로, 반드
시 연구방법에 대한 사전 검토과정이 이루어져야 함을 언급하고
있다. 이는 연구에 참여하는 연구대상자들의 권리와 복리를 보호
하기 위한(to protect the right and welfare of humans participating as
subjects in the research) 조치다. 연구방법이 과학화될수록 인간을
대상으로 한 연구에서 연구대상자의 보호는 더욱 강조되어야 함을
말하는 것이다.

아동을 대상으로 한 연구에서의 연구방법에 대한 윤리적 고려는
더욱 중요시되어야 한다. Smyth와 Weindling(1999)은 의학 연구에
서의 과학적 관점을 논의하면서 아동 연구가 성인 연구와 달리 좀
더 세심한 윤리적 고려가 필요함을 지적하고 있다. 이들은 아동 대
상의 실험적 연구의 불가피성은 인정하지만 성인에게 적용되는 의
학적 연구의 결과가 아동에게 적용될 수 없는 경우가 많다고 역설
한다. 즉, 아동 대상 연구에서는 특히 대상 아동의 연령이 낮을수록
의학 실험 연구시 가져올 위해와 이익을 충분히 고려해야 한다고
주장한다. 이와 관련된 것으로 Foster(1995)는 아동을 대상으로 한
연구가 윤리적으로 세 개의 질문에 답하여야 한다고 주장했다. 첫
째, 연구가 중요한 문제를 묻고, 그 문제에 해답을 줄 수 있는가? 둘
째, 연구과정에서 연구대상 아동들에게 일어날 수 있는 위험의 정
도는 허용될만한 수준인가? 셋째, 연구대상 아동들의 자율성은 그
들의 동의를 얻음으로써 존중되고 있는가?를 고려해야 한다는 것
이다. 이러한 Forster의 지적은 의학연구 또는 실험연구에 해당되
는 것이지만 아동을 대상으로 한 관찰과 조사, 연구 등에 일반적으
로 적용될 수 있는 것이다.

Foster의 첫 질문은 아동 연구가 아동의 복리를 위해 반드시 필요한 연구인가에 관한 것이다. 아동의 질병과 아동의 문제를 해결하는데 필요한 보편적 지식의 탐구를 위한 중요한 연구일 때, 아동 대상 연구는 정당화될 수 있다. 성인에게서 얻을 수 있는 자료나 성인에게 적용해도 되는 연구라면 구태여 아동을 대상으로 연구할 필요는 없는 것이다. 의료적 처치의 효과와 관련된 생물학적, 의학적 연구는 그 중요성에도 불구하고 아동을 피험자로 참여시키는 연구는 매우 제한적으로 조심스럽게 진행되어야 한다. 아무리 연구 문제가 중요하고 후일 많은 아동의 건강과 발달에 기여할 수 있는 정보를 찾는 연구가 긴요하더라도 피험자 아동의 보호를 생각할 때 아동이 빈번하게 실험대상자가 되는 일은 신중을 기하여야 한다. 이는 의학적 연구에만 국한된 문제가 아니며 사회과학 영역에서 아동을 관찰, 조사하는 연구에도 똑같이 적용되는 문제인 것이다.

Foster의 다른 두 질문은 아동 연구의 목적이 아무리 중요한 것이라 해도 아동을 연구대상자로 하는 연구과정에서 반드시 준수해야 할 조건을 시사한다. 즉, 아동에게 허용될 수 있는 위험 수준과 아동의 자율적 연구 참여 조건이 충족될 때만 아동을 연구에 참여시킬 수 있다는 것이다.

연구 참여의 위험은 아동의 연령 수준과 관련된다. 의료적 실험 연구에서는 아동의 연령 수준별 위험성이 달라지기도 한다. 아동에게 허용할 수 있는 정도의 위험 수준을 판단하는 일은 용이하지 않을 때가 많아 가끔 논란거리가 된다(Smyth & Underwood, 1999). 아동의 자율적 연구 참여 조건은 연구의 실제에서 논란의 여지가 크다. 아동이 자율적 판단으로 연구에 참여할 수 있는 능력이 아동의 발달이나 성숙 수준과 관련된다는 연구들(Hurley & Underwood, 2002; Runyan, 2000)은 아동이 12세가 되어야 연구 참여를 자율적으로 결정할 수 있음을 보고하고 있다. 아동들이 12세 정도는 되어야 연구 참여를 스스로 결정할 수 있다는 점은 12세 미만의 어린 아동들에 대한 연구가 사실상 불가함을 의미한다. 그러나 연구대상자로서 연구에 참여하는 12세 미만의 아동의 수가 12세 이상의 아동의 수보다 결코 적지 않다. 우리나라의 아동 대상 연구들을 분석한 결과에서도 12세 이전인 유아와 영아, 초등학생을 대상으로 한 연구가 아동 연구의 다수를 차지한다(이옥, 2000).

아동의 자율적 판단능력이 미숙하여 자발적 연구 참여에 동의할 수 없을 때, 한 가지 대안은 부모의 동의를 얻어 연구를 하는 것이다. 그러나 이것이 아동의 동의를 받지 않아도 된다는 의미는 아니다. 의학 연구의 윤리적 지침을 제시한 헬싱키 선언(Declare of Helsinki)[3]도 '가능하다면, 부모의 동의와 함께 아동 당사자로부터의 동의를 받아야 한다'고 천명하고 있다. 이는 아동이 의사결정 과정에 포함되어야 하며, 적극적인 참여자가 되어야 한다는 원칙을 함의하는 것이다. 일면 번거롭게 보이는 이러한 아동 연구의 원칙은 연구과정에서 발생할 수 있는 위험에 취약한 아동을 보호하기 위한 노력인 것이다.

2) 아동 연구과정의 아동권리 침해

연구대상으로서 아동들이 연구에 참여할 때, 아동에게 노출될 위험은 연구문제와 연구방법에 따라 그 내용이 다를 수밖에 없다.

3) http://ohrp.osophs.dhhs.gov/irb/irb_appendices.htm#j5

예를 들어, 의료적 처치의 효과에 대한 실험연구 대상은 처치의 위험이 직접 신체적 위해(bodily harm)로 나타날 수 있다. 이러한 실험연구에서 실험집단이 아닌 통제집단에 참여한 아동들은 연구과정에서 직접 긍정적 혹은 부정적 영향을 받지 않을 수 있으나, 실험집단의 처치 효과가 긍정적인 경우는 실험 집단 대상 아동이 받을 수 있는 이익을 받지 못했다는 점에서 공정성의 문제가 있을 수 있다.

한편 치료적 처치가 포함되지 않는 연구에서는 신체적 위험성보다는 아동에게 정서적 고통이나 심리적 긴장을 일으키는 점이 큰 문제가 될 수 있다. 아동 연구는 연구자의 의도와 관계없이 연구에 참여한 아동에게 정서적 긴장(emotional distress)을 초래할 수도 있다. 아동들은 연구자의 질문에 답하는 일로 인해 사생활이 보호받지 못하고, 답변과정에서의 긴장으로 인하여 이중의 심리적 고통을 겪을 수 있다(Runyan, 2000). 특별한 사건에 대해 묻지 않더라도 성인 연구자에 의한 질문은 많은 아동들에게 압력으로 느껴질 수 있다. 어려운 질문일 경우 아동들은 당황한다. 연구에 참여하는 시간도 연구자 편의로 결정되어 아동이 따르는 경우가 많고, 예상보다 긴 시간 동안 질문에 답하는 일이 아동들에게는 고통스러울 수 있다. 아동이 관찰의 대상일 경우, 아동이 느끼는 심리적 불안이나 긴장이 성인의 정도보다 덜할 것인가? 아동들의 환경에 대한 지각과 정서도 성인만큼 예민하다.

무엇보다도 아동 연구들은 아동들의 사생활(privacy issue) 관련 자료를 수집하는 것이어서 아동들을 난처하게 만들기 쉽다. 어머니가 없는 아동들에게 어머니의 직업 유무를 묻는 설문내용이 포함된다든가, 부정행위 경험에 대한 사적 생활 관련 질문은 아동들에게 불필요한 죄의식을 심어주기도 한다. 가정환경 관련 조사나 아동들의 행동, 아동들의 호·불호를 조사하는 설문들은 익명으로 처리된다는 이유로 연구를 합리화하면서 아동을 설득한다. 하지만 어느 누구도 개인의 사생활에 대해 이처럼 조사할 권리는 없다. 그런데도 연구의 중요성을 내세워 개인의 사생활 침해를 정당화하는 것이다. 이밖에도 시설아동들은 최소한의 보호 장치도 없이 연구대상자로서 관찰, 조사, 또는 실험 처치되었다. 이런 과정에서 이들의 권리를 보호하려는 노력은 오랫동안 이루어지지 못하였다. 아동권리협약 이전의 아동권리선언들이 아동의 표현과 정보접근권에 대한 권리를 특별히 지적하지 않은 것을 보더라도 아동의 자기결정권이나 아동의 사생활 보호에 대한 인식이 저조했음을 짐작할 수 있다.

요약하면 아동이 연구대상자로 참여함으로써 아동들은 연구과정에서 신체적, 정서적 위험에 노출되기 쉽고, 이에 따른 다양한 문제가 발생할 수 있다. 성인이 연구대상자로 참여할 때보다 아동들은 더 취약한 위치에서 사생활이 침해될 수 있는 것이다. 아동의 복리를 위하여 시행되는 연구에 참여하는 아동들이 보호받을 권리, 자신의 의사를 표현하고 존중받을 수 있는 권리를 연구과정 중에 보호받지 못하고 있다.

3. 아동 연구 관련 윤리지침 및 규정의 역사

인권 관련 선언과 인권신장을 위한 제도 수립의 역사가 오래된 나라들의 경우에도, 아동을 대상으로 한 연구의 윤리 지침이 마련되기까지는 오랜 시간이 걸렸다. 아동의 권리에 대한 인식이 일반 성인의 권리에 비해 관심을 덜 받았기 때문이기도 하지만, 무엇보다도 과학적 연구결과의 필요성이 인간 대상 연구과정에서의 윤리적 지침을 마련하는 작업보다 우선적으로 인식되었기 때문일 것이다. 성인 대상 연구에서도 연구를 목적으로 연구대상자들의 인권이 무시되는 경우가 많았다. 특히 나치 수용소에서의 인체 실험을 단죄한 뉴렌버그 법정과 1945년 일본에서의 원자폭탄 투하에 주도적 역할을 한 과학자들에 대한 비판은 피험자들의 권리에 대한 인식을 증진시키는 결과를 가져왔다.

연구대상에 대한 신체적, 심리적 학대가 밝혀진 이후, 인간을 대상으로 하는 실험을 관리하기 위한 사실상의 첫 규정인 뉴렌버그 코드(Nuremberg Code)[4]가 제정되었다. 이 규정을 필두로 유사한 규정들이 제정되었으며 대표적인 것이 1964년 세계의학협회가 채택한 헬싱키 선언(Declaration of Helsinki)이다. 이후 미국에서는 인간을 대상으로 하는 연구를 규제하는 법이 제정되어, 인간 대상연구의 심의기구인 IRB를 모든 연구기관에 설치하도록 하였다. 또한 그해에 생물의학과 행동과학 분야 연구를 총괄하여 연구대상자를 보호하기 위한 국가위원회를 설립하여 연구자의 윤리강령인 벨몬트 보고서(The Belmont Report)를 발표하였다. 이처럼 연구대상자의 권리를 보호하기 위한 정부와 학자들의 노력은 미국의 경우 정부기구와 연구기관 및 대학에서 법적으로 연구계획의 심의과정을 의무화하고 있는 수준까지 진전되었다. 더 나아가 의학과 생물학 및 인간을 다루는 행동과학 분야의 학회를 중심으로 연구대상자의 권익을 위한 연구자의 윤리지침이 마련되고 있다. 예컨대 미국의 심

---

4) http://ohrp.osophs.dhhs.gov/irb/irb_appendices.htm#j5

리학회, 아동학회, 교육학회 등은 독자적으로 연구자가 인간을 대상으로 연구할 때 지켜야 할 윤리기준을 제안하고 있다.

아동을 대상으로 한 연구의 지침은 지금까지도 인간 대상 연구의 윤리지침에 준하였다고 할 수 있다. 특별히 아동이기 때문에 고유하게 보호되고 강조되어야 할 규정이나 제도에 대하여서는 비교적 관심이 적었다. 따라서 일반 연구의 윤리지침이나 규정에 별도의 아동 관련 규정들이 첨가되고 있는 정도이다. 여기에서 현재의 아동을 대상으로 한 연구 윤리 지침의 뿌리가 되어온 주요 역사적 선언과 규정, 제도들을 간략하게 살펴보기로 한다.

1) 뉴렌버그 코드

사람을 대상으로 한 연구에서 윤리적인 문제가 본격적으로 대두된 것은 제2차 세계대전 후 독일의 나치에 의해 행해진 비윤리적 인체실험이 밝혀지면서부터다. 1949년 제정된 뉴렌버그 코드(Nuremberg Code)는 인체를 실험연구 대상으로 이용할 때 지켜야 할 윤리규정을 밝히고 있다. 뉴렌버그 코드는 실험연구 대상으로서의 인간을 보호하기 위해 총 10개의 기본 원리를 다음과 같이 제시하고 있다.

〈표 1-1〉 뉴렌버그 코드의 기본 원리

1. 참가자의 자발적 동의가 필수적이다.
2. 실험으로부터 얻어진 결과는 반드시 사회적으로 유익하고, 그 결과는 어떤 다른 방법으로도 얻어질 수 없다.
3. 연구는 동물실험의 결과와 질병의 자연 경과에 관한 지식을 기반으

로 하여야 하며, 기대되는 결과는 실험의 수행을 정당화할 수 있어
야 한다.
4. 실험 경과 중에 모든 불필요한 신체적 및 정신적 손상이나 고통은
피해야 한다.
5. 연구하는 의사도 연구대상자로 참여할 때를 제외하고, 만일 사망이
나 영구적 손상이 예상된다면 어떠한 실험도 시행해서는 안 된다.
6. 위험의 정도는 제기되는 문제의 인간적 중요성을 넘지 않아야 한다.
7. 사망이나 손상으로부터 대상자를 보호하기 위해 적절한 장치와 준
비가 필요하다.
8. 오직 과학적으로 자격을 갖춘 자에 의해서만 실험이 수행되어야
한다.
9. 참여자는 자신이 계속 참여하는 것이 불가능하다고 생각하는 어느
때라도 참여를 중단할 권리를 가진다.
10. 책임을 맡은 과학자는 만일 실험을 지속할 경우 참여한 대상자들
이 손상, 영구 장애, 사망을 초래할 수 있다고 생각되는 가능성이
발견되면 실험을 중단하여야 한다.

이 규정은 인간 대상 실험연구에 대한 윤리규정으로서 큰 의미
를 가지고 있다. 그러나 치료적 연구와 일반 연구를 구분하지 않아
적용상 일부 문제가 있었으며, 연구자의 행동 검사 개재를 제시하
지 못한 한계가 있었다. 이 규정의 내용 가운데 '실험 대상의 자발
적인 동의는 절대적으로 중요하다(the voluntary consent of the
human subject is absolutely essential)'라는 조항이 가장 핵심적 내용
인데, 이는 자기 결정력이 없는 어린 아동들에게는 적용되기 어려
운 조항이다. 그렇다 하더라도 뉴렌버그 규정은 이후 국제적인 연
구대상자 보호 관련 규정과 법률의 모태가 되었다고 할 만큼 중요
한 규정으로 평가된다.

2) 헬싱키 선언

1964년 세계의학협회(World Medical Association: WMA)는 의학연구에서의 피험자 보호를 위한 '헬싱키 선언(Declaration of Helsinki)'을 채택하였다. 2002년 현재, 헬싱키 선언은 전문이 32조로 되어 있다. 처음 1~9조는 서문이며 10~27조는 모든 의학 연구에 적용되는 기본 원칙을 제시하고 있다. 나머지 28~32조는 의학연구가 의료적 처치와 동시에 시행되는 경우에 적용되는 원칙으로 구성되어 있다.

서문을 구성하는 원칙은 세계의학협회가 의사 및 의학 연구자가 연구에 인간을 포함시킬 경우의 지침제공을 위한 헬싱키 선언의 목적과 인간의 건강을 지켜야 할 의사의 의무, 특히 의사의 지식과 양심이 이 의무를 수행하기 위해 헌신해야 함을 지적하고 있다. 또한 의학연구는 과학과 사회의 이익에 앞서 연구대상자의 복리가 우선되어야 하고, 의학연구가 인류를 존경하고 사람들의 건강과 권리를 보호하려는 윤리적 기준을 따라야 하며 연구자들은 인간대상 연구를 위한 해당 국가와 국제적인 윤리적, 법률적, 규정적 요구를 잘 인지해야 한다고 명시하고 있다.

헬싱키 선언은 의학연구의 기본 원칙으로 연구대상자의 생명, 건강, 사생활 및 존엄성을 지킬 의무와 연구자와 객관적, 독립적 위치에 있는 위원회에 연구과정을 보고하고 위원회는 이를 모니터링할 권리가 있음을 제시하였다. 또한 연구대상자는 자발적으로 연구에 참여한 사람이어야 하며 연구관련 정보, 즉 연구목적, 연구방법, 연구지원처, 이해관계, 연구자의 소속, 연구로 예상되는 이익과 위험들이 연구 참여자에게 알려져야 함을 명시하고 있다. 법률적으로 능력을 인정받지 못하거나 신체적으로, 정신적으로 연구 참여를 자발적으로 동의할 수 없는 연구대상자에 대해서는 법적 보호자의 동의를 구하도록 한 규정이 포함되어 있다.

이처럼 헬싱키 선언은 법적으로 자기결정 능력이 인정되지 못하는 대상(아동과 정신적 결함이 있는 성인 등)에 대해서는 대리인의 동의에 의한 연구 참여를 허용하였으며(The consent of the legal guardian should be procured), 나아가 치료적 연구와 비치료적인 연구를 구분하여 규정함으로써 보다 진일보한 인간 대상 연구 규정을 제시하였다. 헬싱키 선언은 1975년, 1983년, 1989년, 1992년, 2002년에 걸쳐 여러 번 개정되었으나, 그 기본 원리는 변하지 않았으며 이후 많은 국제적 연구대상자 보호 규정에 기본 정신과 지침을 제공하였다.

3) 벨몬트 보고서

미국의 경우, 1953년 미 국립보건원(National Institute of Health: NIH)에 임상센터가 설립되면서 연구에서 동의서를 규정하는 지침이 마련되었다. 하지만 이 지침은 널리 수용되지 않았다. 1950년대 말 유럽에서 임신 중 탈리도마이드(thalidomide)를 복용했던 수많은 여성들이 팔다리가 없는 심한 기형아를 출산하는 일이 일어나자, 일반 시민들이 불안해하기 시작했고 미 의회는 1962년 약물개정안(Drug Amendments)을 제정하였다. 이 개정안에 따르면 신약 임상시험에 참여하는 대상자는 그 연구목적에 대해 충분한 정보를 제공받고, 연구자는 참여의 전제 조건으로 동의서를 받도록 하였다. 이런 노력들에도 불구하고 여전히 피험자 위해 문제가 발생하자,

1974년 미 의회는 국가연구법(National Research Act)을 통과시켰다. 이 법률에 근거하여 '생의학 및 행동연구의 연구대상자 보호를 위한 국가위원회(National Commission for the Protection of Human Subjects of Biomedical and Behavioral Research)' 가 설립되어, 인간 대상 연구에 적용할 윤리규정과 지침을 마련하는 임무를 부여하였다.

1974년 위원회(NCPHSBBR)에서 제시한 권고안은 이후 벨몬트 보고서로 완성되었으며, 1981년과 1983년 아동 대상 연구에 관한 미 연방 규정(Code of Federal Regulation-45 CFR 46: protection of Human Subjects)[5]에 중대한 영향을 미쳤다.

미국의 연구대상자 보호 국가위원회의 벨몬트 리포트는, 첫째, 인간존중, 둘째, 연구대상자 이익의 극대화(또는 위험의 최소화) 노력, 셋째, 연구 관련 이익과 위험의 공정한 배분, 즉 공정성을 위한 노력을 핵심내용으로 하고 있다. 그 내용을 자세히 살펴보기로 한다.

(1) 인간존중

'인간에 대한 존중' 은 연구대상자인 아동이 자율적 존재로 대우되어야 한다는 신념과 자율적 능력이 부족한 아동은 보호되어야 한다는 신념에 바탕을 둔 연구자의 윤리이다. 인간존중의 윤리는 연구자에게 인간의 자율성에 대한 이해와 자율성이 부족한 사람을 보호하고자 하는 도덕성을 요구한다(The Belmont Report, Part B).

자율적인 사람은 개인적 목표를 주도적으로 시행할 수 있는 사람이다. 자율을 존중하는 것은, 개인의 행동이 타인에게 해를 끼치

---

5) http://ohrp.osophs.dhhs.gov/humansubjects/guidance/45cfr46.htm

지 않는 한, 개인의 의견과 선택을 중히 여기는 것이다. 이에 반하여 자율성을 존중하지 않는 것은 개인의 판단을 제지하고, 판단에 따라 행동할 자유를 부인하는 것이며, 개인의 판단을 내리는데 필요한 정보제공을 보류하는 것이다.

하지만 모든 사람이 자기결정을 할 수 있는 자율능력을 지니고 있는 것은 아니다. 자기결정 능력은 개인의 생애를 통해 성숙해 가지만, 어떤 사람들은 질병이나 정신력의 결함, 심각하게 자유를 제한하는 환경 탓에 부분적으로 또는 전반적으로 자기결정 능력을 잃어버릴 수 있다. 미성숙한 사람과 자기결정 능력을 잃은 사람에 대한 존중은 바로 이 사람들에 대한 보호로써 표출된다. 물론 사람에 따라 보호의 정도는 다르게 요구된다. 보호의 정도는 연구과정이 가져올 위험과 이익의 정도에 달려 있다. 연구과정에서도 상황에 따라 이들의 자율적 판단 능력이 달라질 수 있다. 이러한 차이는 연구과정에서 상황에 따라 연구대상의 자율 능력을 수시로 재평가해보는 것이 필요함을 시사한다.

연구대상자(아동)의 자율성을 존중하는 연구는 연구대상자가 적절한 정보를 통해(with adequate information) 자발적으로(voluntarily) 연구에 참여하도록 하는 것이다. 부당한 영향력을 가진 성인이나 권위자에 의하여 아동이 연구에 동원되는 것은 연구자의 인간존중 윤리에 반하는 것이다. 무엇보다도 연구자가 연구의 진정한 목적과 연구자료의 사용처, 연구과정의 아동의 권리(연구에 관하여 충분한 정보를 받을 권리와 참여를 보류, 포기할 수 있는 권리 등)에 관한 상세한 정보를 제공하여 아동의 자율적 결정에 도움을 주는 것이야말로 연구자가 아동 존중의 기본 윤리를 따르는 것이다.

(2) 연구대상자 이익의 극대화

연구자가 연구대상 아동에게 가져올 수 있는 위험 또는 피해로 부터 아동을 보호하는 노력 이외에, 아동의 복지를 극대화하려고 노력하는 것은 연구자의 의무 이상의 윤리적 의미를 지닌다. 벨몬 트 보고서에 의하면 이 윤리는 연구대상자에게 해를 주지 않고, 가 능한 이익을 극대화하고 위험을 최소화시키는 활동이다.

앞서 제시한 '인간(아동)존중' 원칙은 아동을 연구대상으로 하 여 수행된 연구가 궁극적으로 아동을 위한 연구로 정당화된다 하 더라도 연구자는 연구과정에서 아동에게 해를 입히는 것은 피해야 한다는 것이다. 이에 비해 이익의 극대화와 위험의 최소화 원칙은 연구자들이 아동들에게 가져올 장기적 이익과 위험을 미리 정확하 게 평가하여 연구를 시행하도록 요구하는 것이다.

아동 연구의 실제에서 건강을 증진하고 질병을 효과적으로 다루 는 방법에 대한 연구는 당장은 연구대상 아동들에게 이익이 되지 는 못하지만 미래의 다수 아동에게 이익을 가져올 수 있는 연구다. 이때 아동들이 종래의 아동에게 해로웠던 것으로 판명된 질병관리 방식을 취하지 않게 된다면 이 연구에 아동을 연구대상자로 참여 시키는 일은(이익의 극대화와 위험의 최소화를 위한 노력이 명백한 것 으로) 정당화될 수 있다.

물론 어떤 연구들은 연구가 가져올 이익과 위험이 대립되어 연 구 시행 여부에 논란이 있을 수 있다. 그럴수록 아동에 대한 이익과 위험에 대한 평가는 더욱 엄밀하게 이루어져야 한다.

(3) 연구의 공정성

연구의 공정성은 연구로부터 비롯될 이익과 짐을 누가 나누어

가질 것인가의 문제와 관련되는 윤리 원칙이다. 구체적으로는 공정한 연구대상자의 선정과정과 관련된다. 공정성의 윤리는 동등한 사람들을 공평하게 대우한다는 원칙에 근거한다. 평등한 몫을 공정하게 나누는 공식은 개인의 필요에 의한, 개인의 노력에 의한, 개인의 사회적 기여와 공적에 의한 배분을 의미한다.[6]

오랫동안 인간을 대상으로 한 연구의 연구대상자들은 주로 빈곤층과 환자들이었다. 새로운 의료적 처치의 이익과 관련된 연구에는 이들이 포함되지 않으면서, 질병의 전개과정과 관련된 연구에는 소외계층의 사람들이 주로 포함되곤 하였다(Smyth 외, 1999). 불공정한 연구대상 선정은 연구자의 사회적, 인종적, 문화적 편견에 의한 것이기 쉽다. 특히 빈곤층 아동, 문화적 소수자들, 시설아들이 특정 집단의 구성원이라는 것 때문에 연구대상자로 선정되는 일은, 비공정성의 대표적인 예라고 할 수 있다. 연구의 공정성을 위해 연구대상자의 선정은 매우 공평하게 이루어져야 한다. 예컨대, 대상선정의 용이성, 대상자의 지위, 연구대상으로서 다루기 쉽다는 점을 들어 연구대상자를 선정하는 것은 비윤리적인 것이다.

4) ICCPR, CIOMS와 WHO의 International Guidelines

제2차 세계대전 이후 인권에 대한 관심이 높아지면서 유엔에서 시민 및 정치적 권리에 관한 국제협약(The International Covenant on Civil and Political Rights: ICCPR)이 제정되고 세계 각국이 조인, 비준을 하였다. 이 협약은 특히 '누구도 자신의 자유의사로 동의하지

---

6) Belmont Report의 내용

않은 의학 혹은 과학 실험을 강제 받지 않는다'고 규정하고 있다. 이것은 대단히 포괄적인 규정이지만, 앞에서 논의한 규정이나 선언들과 달리 각국이 조인, 비준한 후에는 이것이 국제법으로의 효력을 갖기 때문에 자국내 사법체계에 이것을 적용하여야 하는 강제 조항이라는 점에서 차이가 난다.

뉴렌버그 코드 및 헬싱키 선언 이후 국제적인 규정들은 이 두 가지 문건에 대해 보충하거나 혹은 보완하는 정도에 그치고 있다. 그 예로 세계의학회(The Council for International Organization of Medical Sciences: CIOMS)에서 1991년에 제정한 '역학연구에 관한 세계윤리지침(The International Guidelines for Ethical Review of Epidemiological Studies)', CIOMS와 세계보건기구(WHO)가 공동으로 마련한 '인간을 대상으로 하는 생의학 연구에 관한 세계윤리지침(The International Ethical Guidelines for Biomedical Research Involving

〈표 1-2〉 연구대상자 보호 지침의 발전 역사

1947	Nuremberg Code
1964	Declaration of Helsinki (revised 1975: 1983: 1989: 1996)
1974	National Commission for the Protection of Human Subjects of Biomedical and Behavioral Research
1979	Belmont Report
1981	Code of Federal Regulation-45 CFR 46: Protection of Human Subjects
1983	Code of Federal Regulation-45 CFR 46: Protection of Human Subjects-Revised
1991	CIOMS, The International Guidelines for Ethical Review of Epidemiological Studies

Human Subjects, 1993)' 이 다양한 지역이나 전공에 따라 달라질 수 있는 가능성을 포괄하는 규정이다. 그 외에도 여러 윤리 규정이나 지침들이 구체적인 내용으로 발전되어 오고 있다.

4. 연구대상 아동보호를 위한 제도적 방안

아동 연구의 발전에도 불구하고 연구대상자로 참여하는 아동에 대한 보호는 전적으로 연구자의 윤리와 상식에 맡기고 있는 것이 우리의 실정이다. 그동안 국제적으로는 제2차 세계대전 이후 피험자의 인권침해 사례가 폭로되면서, 연구자의 연구 참여자 권리 보호를 위한 여러 규정들이 마련되고 내용면에서도 많은 진전을 보였다. 그러나 국내에서는 겨우 몇몇 대학을 중심으로 연구계획을 심의하는 기구가 구성되고 있을 뿐 전문 학회에서조차 연구관련 윤리규정을 제시하지 않고 있다.

우선, 연구대상자로서 연구에 참여하는 아동을 보호하기 위해서는 연구자의 아동 보호에 대한 진보적 인식이 요구된다. 임상실험은 물론, 설문지를 통한 조사연구, 아동을 관찰하여 자료를 수집하는 연구 등 어떤 유형의 연구에서든지 예외 없이 연구대상 아동을 보호하고자 하는 연구자의 의식이 필요하다. 아동 대상 연구의 연구자(조사자)는 아동의 권리와 복지를 위한 일차적 책임이 있다.[7] 연구에서 아동의 권리를 보호하려는 연구자의 노력은 연구의 목적[8]

---

7) 이는 성인 대상 연구에도 그대로 적용된다.
8) 특별한 이유가 없는 한 연구의 목적과 성격 등을 아동에게 진실하게 알려야 한다 (Hurley & Underwood, 2002).

을 설정하는 시기부터 연구과정, 연구결과의 적용과정 등 전 과정에 걸쳐 이루어져야 한다. 다만 연구에 참여하는 연구대상자의 보호와 관련된 조치는 연구대상자의 선정, 조사 또는 처치의 내용과 형식 등에서 구체적으로 시행되어야 한다. 연구과정에서 아동을 존중하며, 아동에 대한 위험을 최소화하기 위해 노력하고, 아동 연구의 이익과 위험을 공정하게 배분하는 노력을 연구자가 개인적 의무로 받아들여야 함은 당연하다.

그러나 연구자 개인에만 이러한 윤리를 기대할 수는 없다. 연구자들이 연구자로서의 기본 윤리 교육을 충분히 받지 않는 상황에서는 연구대상자 보호에 대한 책임의식이 결여될 수 있다. 연구목적의 중요성 때문에 연구자가 성급히 연구대상자를 선정하는 일도 흔히 발생할 수 있다. 특히, 우리나라에서는 아동에 대한 접근이 상대적으로 용이한 환경이기 때문에 아동들을 연구대상자로 선정하는 절차가 사적으로 이루어지는 일이 잦으면서도, 연구대상자 조사에 대한 통제 기구가 거의 없고, 아동 연구에서 아동의 보호를 연구자의 개인적 윤리에만 의존하는 실정인 것이다.

이에 비해 외국에서는 사람을 대상으로 한 연구인 경우 엄격하게 연구대상자를 보호하는 제도적 장치를 마련하고 있다. 대체로 정부의 공적 지원을 받는 연구를 비롯해 사람을 대상으로 한 연구는 제도적으로 사전검토를 받아야 한다. 1947년 뉴렌버그 코드의 제정과 1964년 헬싱키 선언이 주로 의학적 처치나 실험 연구와 관련된 연구의 지침이라고 한다면, 1974년의 미 연방정부 차원의 연구대상자 보호 규정은 사람을 대상으로 한 거의 모든 연구에서 연구대상자의 권리를 보호하기 위한 윤리적 기준을 제도화 한 것이라고 할 수 있다. 이제 국내에서도 연구대상자 보호 장치는 연구자

개인의 차원을 넘어 제도와 법률적 차원에서 강구되어야 한다.

1) 연구대상자 권리 보호에 대한 교육

먼저 아동대상 연구에서 아동의 보호를 위해 연구자의 의무와 연구대상자의 권리 등에 대해 일반적 교육이 이루어져야 한다. 각급 학교에서는 물론, 학회에서도 연구자를 대상으로 윤리지침들이 교육될 수 있다. 아동들에 대해서는 연구대상자로서 반드시 보호받을 수 있는 권리를 이해하도록 하는 교육이 필요하다. 초등학교 재학생 이상의 아동에게는 설명을 통해 연구대상자로서의 권리가 무엇인지 이해시킬 수 있다(Hurley 외, 2002). 연구에 참여하지 않거나 연구에 참여하더라도 언제든지 중지할 수 있는 일반적 권리 외에 연구가 가져올 수 있는 사생활 침해의 문제, 비밀보장의 철저한 보장, 정서적 고통이나 긴장을 거부할 권리, 사전 동의의 권리, 질문에 대답하지 않을 권리, 수집된 데이터의 사용제한을 요구할 수 있는 권리가 있음을 아동에게 교육할 필요가 있다. 또한 교육내용에는 이러한 연구대상자의 권리가 연구자 또는 조사자에 의하여 당연히 보호된다는 점이 포함되어야 한다.

교육방법은 공식적 교육현장에서 또는 연구자의 사전 브리핑 시간을 통하여 연구현장에서 행해질 수 있으며, 연구자가 인터넷을 통해 아동 연구의 윤리 지침이나 규정에 대한 교육을 받은 후에 연구를 시작하는 방법도 가능하다. 미국 연방정부 DHHS의 OHRP(Office for Human Research Protections)에서는 사람을 대상으로 한 연구의 사전 검토위원회(Institutional Review Board)와 이 위원회를 둔 연구기관과 연구자들을 위한 교육자료가 제공된다. 또한 개인적으로 연구자의 윤리와 관련된 규정들을 직접 교육받도록 하고 있다.

2) 아동 연구 전문학회 차원의 연구자 윤리지침 및 아동보호 규정의 제정

학회는 연구자들의 연구 관련 규정을 가장 잘 보급할 수 있는 기구이다. 따라서 연구자들이 아동 연구와 관련된 윤리지침을 마련하고, 연구대상 아동의 권리 보호를 위한 제 규정을 제정하는 것이 매우 효과적일 것이다. 이미 1973년에 미국 심리학회에서는 연구대상자(human subject) 관련 지침을 제시하여 미 연방정부가 연구대상자 보호 정책을 마련하는 데 크게 기여한 바 있다. 국내에서도 이러한 학회의 노력이 필요하다. 국내 아동 연구의 현실적 여건도 고려하면서, 아동 보호를 위한 합리적 연구지침의 내용에 대한 연구가 우선되어 정부의 아동 보호 정책을 견인해 낼 수 있어야 할 것이다.

3) 정부의 연구대상자 보호 정책 및 법률 제정

미국 연방정부의 정책은 정부 내에 연구대상자 보호국을 설치하여 실제적이고 명시적인 연구대상자 보호대책을 시행하는 것이다. CFR title 45 part 46은 연구대상자 보호에 관련된 법령으로서 연구대상자 보호를 위한 IRB 규정, 연구대상자 보호를 위하여 연구자와 연구기관이 지켜야할 의무와 연구절차 등이 세세히 규정되어 있다. 더욱 보호가 필요한 아동, 임부, 태아와 재소자에 대한 보호 규

정을 추가로 제시하고 있으며 정부 각 부처에서의 연구대상자 보
호 관련 지원과 의무에 대해서도 규정하고 있다. 우리나라도 이에
준하는 수준의 연구대상자 보호법령이 마련되어 아동과 연구대상
자의 권리가 침해되는 일을 실제적으로 방지해야 할 것이다.[9]

 참고문헌

정선아 · 이혜경(2003). 관찰 및 조사연구 참여에 대한 아동의 권리. 한국아동
    권리학회 2003 춘계학술대회 자료집, 19-34.
이옥(2000). 가정관리학의 아동분야 연구 20년의 평가. 한국가정관리학회지,
    18(1), 203-216.

Foster, C. (1995). Why do research ethics committees disagree with
    each other? J R Coll Physns 29. 315-18.
Hurley, J., & Underwood, M. (2002). Children's understanding of
    their research rights before and after debriefing: Informed
    consent, confidentiality, and stopping participation. *Child*

---

9) 연구대상자 보호를 제도화하는 작업은 연구대상자의 보호 측면뿐 아니라 앞으로
   우리사회의 임상적 치료 영역에서 아동의 정보에 대한 비밀 보장과 아동 보호 관
   련 성인들의 아동권리 의식의 개선에도 기여할 수 있을 것이다. 아동 자료의 보호
   와 관련된 인식의 변화는 아동 연구와 치료 영역에 그치지 않고, 나아가 우리사회
   의 온라인 프라이버시에 대한 사회적 인식과, 최근 논란이 되고 있는 자기정보 통
   제권, 인권침해 소지가 있는 교육행정정보시스템 등에 관한 여론에도 긍정적 영
   향을 미칠 수 있는 주요한 작업이 될 수 있는 것이다.

Development, 73(1), 132-143.

Smyth, R., & Michael, A. (1999). Research in children: Ethical and scientific aspects. *Supplement Pediatrics*, vol 354.

Runyan, D. K. (2000). The ethical , legal, and methodological implications of directly asking children about abuse. *Journal of Interpersonal Violence, 15*(7), 675-681.

〈기타 참고자료〉

Code of Federal Regulation Title 45 part 46. Protection of Human Subjects.

National Commission for Protection of Human Subjects of Biomedical and Behavioral Research (1979). The Belmont Report.

OHRP. US Dept. of Health and Human Services : Educational Materials. Policy guidance.

World Medical Association (1996). Declaration of Helsinki: revised by 48th WMA.

제2부

아동을 대상으로 한 연구의 윤리

제2장

실험연구에서의 윤리

1. 서 론

아동 및 정신적으로 결함을 갖는 사람을 대상으로 하는 연구는 법적으로 혹은 윤리적으로 많은 논란을 일으킨다. 과거 역사에서 페르시아의 왕자는 언어가 자연적으로(natural and spontaneous) 형성되는지를 알아보기 위해서 갓 태어난 신생아를 모든 사람의 말소리로부터 차단시키는 실험을 했었다. 또한 19세기 잉글랜드의 캐롤린 여왕은 제너(Jenner)의 천연두 예방접종을 시험하기 위해서 시설 아동에게 접종을 시키도록 하였다. 이같이 아동이나 정신장애인들은 아무런 보호를 받지 못한 상태로 자주 실험의 대상으로 이용되어 왔다.

실험연구의 대상에 대해 윤리적인 문제가 대두된 것은 제2차 세계대전 후에 나치 독일에 의해 잔학하고 비윤리적인 인체 실험이 수행된 것이 밝혀진 이후다. 이러한 것이 문제가 되어 1949년 소위 뉴렌버그 코드(Nuremberg Code)로 알려진, 실험 대상으로 인체를 사용할 때 지켜야 할 윤리 규정을 제정하게 되었다. 하지만 여기에서 '실험 대상의 자발적인 동의가 가장 중요하다(the voluntary consent of the human subject is absolutely essential)' 라는 조항이 가장 중요한데, 바로 이것이 아동들에게는 해당되기 어려운 조항이었다. 이후 1964년 세계의사회(World Medical Association: WMA)는 헬싱키 선언(Declaration of Helsinki)을 채택하였는데, 여기에 법적 능력을 갖지 못하는 대상에 대한 비 치료적인 연구에 대해 '법적 보호자의 동의가 있어야 한다(the consent of the legal guardian should be procured)' 고 규정함으로써 진일보하게 되었다.

하지만 이러한 노력에도 불구하고 1950년대에서 1960년대에 걸쳐 윌로우브룩 주립병원(Willowbrook State Hospital)에 수용된 정신지체 아동들을 대상으로 간염균을 주사하여 병의 자연 경과를 실험한 연구가 미국에서 수행되었다. 물론 그 외에도 유사한 실험들이 시행되어 뜨거운 논란을 불러 일으켰다. 그 가운데 특히 윌로우브룩 병원 사건이 주목을 받는 이유는 이 병원에 입소하기 위해서 오랜 기간을 대기해야만 하는데, 만일 부모가 이 연구에 참여한다는 동의서를 쓰면 병동에 빨리 입소시켜주는 혜택이 주어졌다는 점이다. 이러한 사실로 인하여 부모가 그러한 연구에 '자신의 자녀를 자발적으로 참여시킨다(volunteer)' 고 하는 법적인 타당성이 도전받게 되었다.

아동에게 합당한 연구는 어떻게 수행되어야 할 것인가? 이것에 대해 Foster(1995)는 실험연구에 있어 윤리위원회가 다음 3가지 질문에 답할 수 있어야 한다고 제안하였다. 첫째, 연구가 중요한 질문을 던지고 있는 것인가? 둘째, 연구 대상에 대한 위험이 받아들여질 수 있을 정도인가? 셋째, 동의를 구하는데 있어서 연구 대상의 자율성이 존중되는가? 하는 점이다. 앞의 두 가지는 인체 대상 실험 연구에서 일반적으로 논의되는 점이기 때문에 아동에서 특별한 것은 별로 없다. 하지만 마지막 질문은 아동을 대상으로 하는 연구일 때 매우 중요한 논의거리를 제공한다. 특히, 아동이 어리거나 판단 능력이나 지적 능력이 낮을 때는 더욱 문제가 일어날 수 있다. 또한 아동을 위한 최선의 이익이라고 간주되는 측면과 부모의 관점이 차이를 보일 때는 더욱 그럴 수 있다.

이 점에 대해 미국 보건후생성(U.S. Department of Health and Human Services: DHHS)은 연방법에서 아동의 연령을 획일적으로 구분하고 있지 않으며, 또한 실험 연구의 위험도에 따라 적용 기준을 엄격하게 적용하는 범위에서 차이를 보이고 있다. 다음에서 이 점에 대해 보다 구체적으로 논의할 것이다.

2. 역사 속에서의 교훈[1]

1) 투스케기 실험연구(The Tuskegee Experiment)

미국 역사에서 연구윤리를 무시한 가장 추악한 실험 연구로 투스케기 실험을 꼽을 수 있다. 미국 알라바마(Alabama) 주의 농촌지

---

1) 이 부분의 대부분은 Loue, S. (2000)의 저서를 기본으로 저자가 다른 자료를 첨가하여 요약하였다.

역에서 가난한 흑인들을 대상으로 시행된 이 연구는, 인간을 대상으로 한 실험에서, 실험이 어떻게 시작해서 어떤 과정을 거치며 실험 대상에게 어떤 영향을 미치는가 하는 것을 여과 없이 보여준다. 아동과 직접적인 관련은 없지만 연구윤리에 관한 투스케기 사례를 살펴봄으로써 실험에 관련된 역사적·사회적 맥락의 중요성을 확인할 수 있다.

예전에 대부분의 백인 의사들은 백인과 흑인이 의학적으로 명백한 차이가 있다고 생각하였다. 일부 의사들은 흑인들이 백인들에게 잘 걸리는 말라라이(malaria)와 같은 병에 대해 면역성이 있으며, 동상(凍傷)과 같은 다른 병에는 더 민감하다고 여겼다. 그 외에도 일부 의사들은 흑인들이 여러 질병들에 백인들보다 취약한 이유에 대해, 흑인 노예의 가혹하고 열악한 환경에 대해서는 고려하지 않은 채, 흑인들이 열등하기 때문에 나타나는 하나의 예라고 주장하였다. 이런 잘못된 믿음은 남북전쟁 이후에 기근과 가난으로 발생된 여러 질병이 속출하는 상황 속에서 지속된다.

이러한 열악한 환경과 불우한 흑인들의 보건 상황, 그리고 백인 의사와 연구진들의 편견 속에서, 1929년 미국 보건국(U.S. Public Health Service: USPHS)은 흑인들을 대상으로 매독의 발생률과 치료방법에 대한 연구를 시행한다. 연구에 포함된 6개 카운티 가운데 알라바마 주 메콘(Macon)카운티의 투스케기 마을은 매독 발생률이 가장 높게 나타났다. 율리우스 로젠벨트 재단(Julius Rosenwald Fund)에서 후원한 이 연구는 이 마을에 대해 대대적인 매독치료가 필요하다고 결론지었지만, 그해 바로 뒤 발생한 경제공황으로 인하여 연구는 더 이상 지속되지 못하였다.

수 년간 중단되었다가 1932년 USPHS에 의해 이 연구가 재개되었다. 이 연구의 주된 목적은 흑인 남성들을 대상으로 치료받지 않는 매독의 자연 경과를 추적하는 것으로서, 미국 의학계에서 일반적으로 생각한 것과 노르웨이의 브루스가드(Brussgard) 연구결과가 다른 것을 증명하기 위함이었다[2].

투스케기 실험에서는 매독에 걸린 25~60세 사이의 흑인 남성을 연구대상으로 삼아 진찰, X-선 촬영, 척수액 검사가 시행되었다. 그렇지만 당시 의학계에서 일반적 상식으로 통하는 치료의 필요성에도 불구하고 이 연구에 참여한 대상자들에 대한 치료가 제공되지 않았다. 연구 참여자들에게는 그들이 '나쁜 피'를 가지고 있기 때문에 아픈 것이라고 하였고, 전혀 치료 효과가 없는 수은연고(mercurial ointment)와 네오아스펜아민(neoarsphenamine)이 치료제로 제공되었다. 척수액 검사 또한 단순히 진단을 목적으로 한 것임에도 불구하고, 참여를 독려하기 위해서 '특별한 치료'로 위장하였다.

다음해인 1933년 USPHS는 대조군으로 건강한 남성들을 참여시켜 연구를 계속하였다. 이 연구는 종결시켜야만 하는 다음과 같은 여러 사건들이 발생하는데도 불구하고 그후 40년 동안 지속되었다. 그 사건들이란 첫째, 1944년부터 매독 치료에 페니실린(penicillin)이 사용되기 시작하면서 이 약이 매우 효과적임이 알려지기 시작하였다. 하지만 이들 대상자에게 페니실린을 치료제로

---

2) 당시 미국 의학계는 매독이 백인에게는 신경학적 기능에 이상을 초래하지만, 흑인에게는 심혈관계 이상을 초래한다고 보았다. 하지만 노르웨이는 미국의 견해와 달리 치료받지 않은 백인 남성을 대상으로 시행된 연구에서 백인, 흑인 등 인종에 관계없이 신경학적 이상은 드물고, 심혈관계 이상이 공통적으로 흔하게 관찰되었다.

투여하기는커녕, 이것이 판매되기 시작한 후에 이 약을 사용하는 것조차 금지되었다. 둘째, 이들 대상자들이 대조군에 비해 심각한 질병이 늘고 생명이 짧아지고 있음을 보고하는 논문들이 여러 의학 잡지에 발표되었다. 셋째, 1949년 뉴렌버그 코드(Nuremberg Code)가 제정되어 이 연구의 시발점이 되었던 가설 중의 하나인 인종적 기준에 대해 경고하고 있음에도 불구하고, 이 규정이 별로 효력을 미치지 못하였다.

겨우 1972년이 되어서야 보건, 교육 및 복지부(Department of Health, Education, and Welfare)는 이 실험에 대한 비판에 대해 자문회의를 개최하였다. 하지만 위원회는 이 연구에서 페니실린 치료를 제공하지 않았던 것과 동의서를 받지 않았던 것에 대해 초점을 맞추었을 뿐이다. 페니실린 이전에도 치료 방법이 있었음에도 불구하고 제공되지 않았던 것, 대상자들이 치료를 받고 있는 것으로 알고 있었던 것 등에 대한 역사적 사실을 은폐하고 있다는 비판을 받았다.

이 연구는 커다란 반향을 일으켜 많은 흑인들은 이 실험 연구를 흑인에 대한 의학계로부터의 차별과 속임수의 상징으로 여기게 되었다. 결과적으로 최근 흑인 사회에서 수행되고 있는 AIDS 퇴치 교육 프로그램까지도 불신을 받고 있을 뿐 아니라, 심지어 AIDS와 AIDS 예방 및 치료가 인종말살의 한 형태로 간주되고 있을 정도다.

2) 나치 독일의 의학연구(The Nazi Experiments)

여기서 나치 독일의 잔학성을 언급하는 것은 범위를 벗어나는 것이기 때문에 간략히만 언급한다. 1927년 설립된 인류학, 인간유

전학, 우생학을 위한 카이저 빌헤름 연구소(Kaiser Wolhelm Institute
for Anthropology, Human Genetics and Eugenics)는 독일의 인종 위생
학(racial hygiene)을 발전시키는 데 공헌하였다. 이 연구를 위해 나
치 돌격대(SS) 의사였던 요셉 멩걸레(Josef Mengele)는 아우슈비치
수용소에서 획득한 인체 자료들을 연구소에 공급하였다. 이후 인
종 우생학 개념은 국가사회주의와 결합하여 나치 독일에서 발전하
게 된다.

  국가사회주의와 결합한 인종 우생학은 1934년 인종정책국(the
Office of Racial Policy)이 설립되고, 이후 불임법, 뉘렌베르그법이 제
정되면서 제도화되기 시작하였다. 불임법은 정신지체, 정신분열
증, 알코올중독과 같은 '유전병'으로 생각되는 질병을 앓는 사람
들을 강제로 불임하도록 하는 법이다. 그리고 뉘렌베르그법은 제
국시민법, 독일혈통 및 독일의 영광을 보존하기 위한 법, 독일 국
민의 유전적 건강 보호를 위한 법으로 구성되어 있다. 이 법을 근거
로 '살 만한 가치가 없는 생명'을 희생시키는 캠페인이 벌어지고,
수용소에 수용된 아동과 환자들을 자연사로 위장하여 독가스 등으
로 안락사(euthanasia)시켰다.

  물론 나치 독일 이전부터 독일에 실험 연구에 대한 규정이 없었
던 것은 아니다. 1898년 유명한 미생물학자였던 니슬레(Albert
Neissler) 교수는 매독에 대한 면역법을 개발하기 위해, 대상자에게
알리지도 않고, 동의도 구하지 않은 채 매독 환자로부터 채취한 혈
액을 매춘부들에게 주사하였다. 이것이 문제가 되어 니슬레 교수
는 재판에 회부되어 벌금형을 선고받았고, 추후 주사제를 투입할
경우 동의서를 받도록 선고하였다. 이후 1900년 프러시아에서 종
교, 교육 및 의학성(Minister of Religious, Educational, and Medical

Affairs) 장관 명의로 진단, 치료 및 예방접종 이외의 목적으로 의학적 처치를 엄격하게 규제하는 지침이 제정되었고, 추후 '새로운 치료법 및 인체 실험에 관한 규정' 으로 발전하게 된다. 이 규정의 많은 부분들이 후에 뉴렌버그 코드에 반영되었다.

나치 독일하에서 이루어진 수많은 반인륜적인 실험은 일일이 열거할 수 없을 정도다. 금발에 갈색 눈을 가진 아동들에게 눈동자의 색깔을 바꾸기 위해 메칠렌 블루라는 염색약을 주사하였는데, 아동들이 실명하거나 사망한 사건도 그중 하나다. 이러한 행위는 소위 의학 연구라는 이름 하에 자행된 끔찍한 범죄 행위였던 것이다.

3) 냉전시대의 방사선 실험들(The Cold War Experiments)

냉전시대에도 수많은 인체실험이 자행되었다. 특히 군인들을 대상으로 한 방사선 실험이 1940년대 시작하여 적어도 1962년까지 지속된 것으로 알려져 있다. 하지만 많은 부분은 군사기밀로 분류되어 잘 알려져 있지 않기 때문에 여기서는 주로 민간인들을 상대로 수행된 연구를 중심으로 논의한다. 이 가운데 일부 연구들은 뉴렌버그 코드가 제정되기 이전에 시행된 것도 있지만, 대부분의 연구들은 이 규정이 제정된 이후에도 버젓이 시행되었다.

몇몇 연구들이 있는데, 먼저 록펠러재단에서 일부 후원하여 반더빌트 대학에서 수행한 연구가 있다. 이 연구는 임산부의 식사와 영양 상태가 임신이나 출산 및 신생아에게 어떤 영향을 미치는가 하는 것을 알아보는 실험이었다. 참여한 여성들은 아무 것도 알지 못하고 동의도 받지 않은 채, 방사선 물질이 함유된 철분을 '칵테일' 이라고 속은 채 복용하였다. 후에 이 철분을 복용한 여성들은 발진,

멍, 빈혈, 치아 및 모발 소실, 암 발생 등의 증상을 보였고, 일반 아동과 달리 이들에게서 태어난 4명의 신생아는 암이 발생하였다.

두 번째로, 1946년부터 1953년 사이에 페르날트주립학교 (Fernald State School) 학생들을 대상으로 매사추세츠 공학연구소(MIT)가 수행한 연구가 있다. 이 학교는 처음에는 정신지체아동을 위한 학교로 시작하여 학대아동 등 요보호아동을 위한 기숙학교로 발전하였다. 이 실험에는 총 74명의 남자 아이들이 참여하였는데, 이들에게 방사선이 함유된 칼슘이나 철분을 섞은 오트밀을 주었다. 부모들은 단지 아이들에게 칼슘이 함유된 '특별한 아침 식사'가 제공될 것이라는 말과 보상으로 과학클럽에 참가할 수 있다는 말만 들었다.

세 번째는, 1960년부터 시작하여 1972년까지 계속된 연구로 여러 형태의 암을 앓는 환자들에게 온몸에 방사선을 쪼이는 연구였다. 미 국방원자력지원국에서 지원하여 신시내티 대학에서 시행되었는데, 실험은 100rads에서 시작하여 600rads까지 점차 양을 늘려가는 것이었다. 이 실험을 통해 연구책임자였던 Dr. Saenger는 200rads에 이르면 환자가 사망할 수 있다는 것을 관찰할 수 있었다. 결국 실험 당시 적어도 8명이 사망하였고, 남은 환자들도 방사선 실험 종료 후 대부분이 사망하였다. 이 연구에서는 동의서에 사망할 수 있다는 경고 문구가 삽입되지 않았던 것이 지적되어, 결국 이 연구는 1969년, 1973년 미 국립보건원에서 윤리적인 이유로 재정 지원을 거부당했다. 또한 1966년 비슷한 형태의 실험이 원자력위원회에 의해 제안되었지만, 윤리적인 우려 때문에 이 제안은 거부되었다.

이런 문제로 인해 '인체방사선실험에 관한 자문위원회'에서

1996년 6개 기본적인 윤리원칙을 제정하게 되었다. 또한 방사선 치료를 받은 많은 환자의 가족들은 실험을 수행했던 대학과 단체를 상대로 소송을 제기하였고, 그 한 예로 MIT는 페르날트학교 졸업생 30명에게 185만불을 배상하기로 하였다.

4) 교도소에 복역 중인 죄수 대상 연구

뉴렌버그 코드, 헬싱키 선언 등 국제적인 흐름에도 불구하고 최근까지 미국은 이런 원칙을 지키려고 하지 않았다. 수많은 연구들이 사회의 주변부에 위치한 약자들을 대상으로 시행되기 일쑤였다. 그 가운데 하나가 교도소에 복역 중인 죄수들을 상대로 하는 연구(The Prison Experiments)다. 필라델피아 카운티에 위치한 홀름스버그 교도소(Holmesburg Prison)에서는 피부과 의사였던 Dr. Kligman는 이 교도소에 수감된 죄수들을 상대로 여러 가지 실험을 시행하였다. 주로 죄수들의 피부나 손톱 등에 각종 피부 로션, 크림 등을 붙여 놓고 그 효능을 검증하는 패취 검사(Patch test)가 주된 것이었지만, 그 외에도 각종 병원균 등을 주입한 후 그 경과를 관찰하거나 다양한 치료법을 시도해 보기도 하였다. 이 실험의 주된 후원사는 Johnson & Johnson, Helena Rubinstein, DuPont 등 이었다. 하지만 죄수들에게 주어진 돈으로 인해 죄수들간의 성폭행이 발생하는 등 문제점이 발생하여 결국 이 교도소에서의 연구는 중단되었다. 미국시민자유연맹에서는 이런 재소자들의 참여에 대한 우려를 표시하고, 1973년 11개 항에 달하는 의학 연구에 있어서 죄수들의 참여에 관한 지침을 제안하기도 하였다. 이 지침은 1949년의 뉴렌버그 코드와 1964년의 헬싱키 선언을 근간으로 하고 있다.

홀름스버그 교도소뿐 아니라, 일리노이주 Stateville Penitentiary 의 재소자 400명이 참여한 말라리아 치료법을 개발하는 연구, 아틀란타 연방교도소의 140명이 또 다른 말라리아 치료법 개발을 위해 참여한 연구 등 수많은 실험 연구가 시행되었다.

5) 찻집 고객 연구(The Tearoom Trade)

1960년대 말, 워싱턴 대학 사회학 전공의 박사과정에 있던 험프리(Humphreys)는 일반적으로 흔히 동성애자로 치부해왔던, 다른 남자들과 즉석에서 성관계를 맺는 남성들의 특성을 연구하였다. 이 연구를 위해 그는 찻집에서 '망보는 역할(watchqueen)'을 하였는데, 그렇게 함으로써 그들의 성관계를 가까이서 관찰할 수 있고, 그들을 경찰로부터 보호할 수 있었다. 이후에 그는 자신의 정체와 이 역할을 하는 동기를 드러냈다. 비교적 교육을 많이 받은 사람들은 자신의 행위에 대해 이야기해주는 것에 더 잘 협조하였다.

험프리는 사회경제적 수준에 따라 자료의 오류가 일어나는 것을 염려하였다. 그리하여 몰래 상대방 남자의 일부를 대상으로, 그들이 타고 온 차 번호를 적어두었다가, 그들의 주소를 알아내어 1년 후 건강서비스 면접자로 가장해 그들의 결혼 상태, 성행위 등에 관해 조사하였다.

이 결과 익명의 다른 남자들과 즉석 성관계를 갖는 남자들 대부분은 동성애자도 이성애자도 아님을 알게 되었다. 그중 절반 이상은 기혼이었고, 대부분은 가톨릭 신자들이었는데, 임신을 걱정하여 부인과의 성관계가 매우 드물었다. 면담에 응한 남자 가운데 14%만이 동성애자였다.

그의 연구는 후에 많은 사람들로부터 관심을 받았는데, 윤리적인 면에서 중대한 문제가 제기되었다. 먼저, 험프리의 자료는 사법당국에 의해 쉽게 노출될 수 있기 때문에 그들의 사생활과 비밀 유지가 침해될 수 있다. 또한 관찰 대상이 되거나 혹은 1년 후 추적조사를 받은 사람들 가운데 이 연구의 목적 심지어는 그것이 연구였는지 조차 알지 못하는 경우가 많았다. 이는 결국 자료를 얻기 위해 속임수(deception)를 쓴 것이다.

3. 실험연구에서 아동의 권리 보호

실험연구의 대상에 대한 윤리적인 문제가 대두하게 된 것은 제2차 세계대전 후에 나치 독일에 의해 잔학하고 비윤리적인 인체실험이 수행된 것이 밝혀진 이후이다. 이러한 것이 문제가 되어 뉴렌버그 코드로 알려진, 실험대상으로 인체를 사용할 때 지켜야 할 윤리규정이 1949년 제정되었다. 이후 이들 윤리규정 혹은 지침은 여러 경로를 통해 발전, 보완되어 왔고, 그 내용에 대한 논의는 이미 제1장에서 자세하게 이루어졌다.

실험 연구에 있어 아동보호를 명확하게 규정하고 있는 가장 좋은 예는 미 연방규정(45 CFR 46)이다. 따라서 이 규정을 중심으로 실험연구에 있어서 아동보호를 논의하고자 한다.

미 연방규정은 아동이 참여하는 실험연구를 그 정도에 따라 다음의 4개 범주로 구분하고 있다.

첫째, 제1 범주는 '최소한의 위험(minimal risk)' 이상이 예상되지 않는 연구로, 부모 및 아동의 동의를 얻는 절차만으로 허용될 수 있다.

둘째, 제2 범주는 최소한의 위험 이상이 있지만 대상자에게 직접적인 이득이 예상되는 연구이다. 이 유형의 연구를 승인하려면, 연구심의위원회(Institutional Review of Boards: IRB)에서 반드시 위험이 대상자가 얻을 것으로 기대되는 이득에 의해 정당화되어야 한다. 또한 득실에서 적어도 다른 방법만큼 대상자에게 유리해야 한다. 물론 부모와 아동의 동의를 얻어야 한다.

셋째, 제3 범주의 연구는 최소한의 위험 이상이 있으며, 대상자에게 직접적인 이득이 예상되지 않지만, 대상자의 상태에 관한 일반적인 지식을 얻을 수 있는 연구이다. 이 유형의 연구에 대해 IRB는 위험이 최소한의 위험보다 '약간 증가하며(minor increase), 연구절차가 대상자의 상태에 적절해야 하며, 절차가 대상자의 질병이나 상태를 알아내거나 혹은 치료하는데 매우 중요한(vital importance)' 일반적인 지식을 얻을 수 있어야 한다고 규정하고 있다. 물론 본인의 동의와 함께 대부분의 경우 양쪽 부모의 동의도 얻어야 한다고 규정하고 있다.

마지막으로 제4 범주의 연구는 일반적으로 허용되지 않는 특별한 유형으로, 아동의 건강 혹은 안녕에 영향을 미치는 심각한 문제를 알아내거나, 예방하거나 혹은 치료할 기회에 시행될 수 있다. 또한 아동에게는 이득이 없이 최소한의 위험 이상이 예상되는 연구도 해당한다. 이 연구를 승인하려면 미국의 경우, 보건후생성 장관이 전문가 자문회의와 일반 시민을 상대로 공청회를 개최해야만 한다. 그리고 승인이 되더라도 대상자의 수는 제한된다.

다음 〈표 2-1〉에 제시된 바와 같이, 미 연방규정에서는 대상에게 최소한의 위험(minimal risk) 이상이 예상되는 국고 지원 연구에

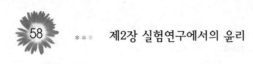

〈표 2-1〉 아동을 대상으로 시행하는 연구에 대한 미국 연방 규정

연구 카테고리 (45 CFR 46)	위험도	아동 참여에 대한 필요 요건
404	No greater than minimal risk	1. IRB approval 2. The child's assent 3. Informed consent(permission?) from at least one parent or guardian
405	Greater than a minimal risk with prospect of direct benefit to each subject	1-3 above, and 4. Risk is justified by the anticipated benefit to each subject 5. Anticipated benefit to each subject is at least as favorable as that presented by available alternative approach
406	Greater than a minimal risk and without prospect of direct benefit to each subject	1-3 above, and 4. The risk represents minor increase over minimal risk 5. The study is likely to yield generalizable knowledge about the child's disorder or condition that is of vital importance for the understanding or amelioration of the disorder or condition 6. Intervention or procedure presents experiences to the child that are reasonably commensurate with those in the child's actual or expected medical, dental, psychologic, social, or educational situations
407	Research not otherwise available	1-3 above, and 4. IRB finds that the research presents a reasonable opportunity to further theunderstanding, prevention, or

> alleviation of a serious problem affecting
> the health or welfare of children
> 5. Approval of the Secretary of the
>   Department of health and Human
>   Services after consultation with a panel of
>   experts in pertinent fields, and following
>   opportunity for public review and
>   comment

출처: Burns JP, 2003, p. 134.

서 심의위원회(IRB)에서 예상되는 위험에 대해 아동 참여에 대한
적절한 필요 요건을 갖추고 있는 지 여부를 반드시 심의할 것을 규
정하였다.

1) 최소한의 위험

이 규정에서 '최소한의 위험(minimal risk)'이란 일상생활이나 일
상적인 신체검사 혹은 심리검사 시행과정에서 이미 일어나는 정도
를 넘지 않는 위험으로 정의된다(미국 보건후생성, 1991). 따라서 이
것은 '위험성이 전혀 없다(no risk)'는 것과는 다르다. 여기서 말하
는 최소한의 위험에 해당하는 정도의 예로 예방접종, 소변검사, 소
량의 혈액채취, 심전도검사 과정에서 겪을 수 있는 위험, 식사 혹
은 일상생활의 약간의 변화, 심리 검사 시행 혹은 관찰법이나 면접
질문에서 겪는 불편감 등을 들 수 있다. 이때 아동은 정상적인 일상
생활의 변화, 부모와 일시적인 분리, 보통이상의 불편감 등을 겪을
수밖에 없다.

하지만 이것을 확대 해석하여 청소년들이 콘돔을 사용하지 않는 성행위라든지, 헬멧을 착용하지 않고 자전거를 타면서 일어나는 사고의 위험 등 까지를 일상생활에서 일어나는 위험으로 간주하는 것은 곤란하다. 예를 들어 만일 이런 것을 최소한의 범주에 포함시켜 헬멧을 착용한 그룹과 착용하지 않은 그룹에서 사고율을 비교하는 실험을 한다면 아무리 부모나 아동이 동의를 했다고 하더라도 용납하기 어려운 범위로 해석할 수 있다.

2) 아동의 동의 여부

개정된 헬싱키 선언에서 '법적 무능력자(legal incompetence)'의 경우, 동의서(informed consent)는 그 나라의 법률에 근거한 법적 보호자로부터 얻어야 하는 것으로 규정하고 있다. 만일 대상자가 미성년자일 때 책임 있는 가족으로부터 허락(permission)으로 대치한다. 하지만 미성년자라도 동의를 할 수 있을 때는 보호자의 동의뿐 아니라, 아동의 동의도 구해야만 한다(WMA, 1997).

이같이 이 선언에서는 동의, 허락, 묵인이 별다른 구별 없이 사용되고 있지만, 엄격하게 보면 동의(consent)와 묵인(assent)은 그 의미에서 차이를 갖는다. 동의는 개인의 긍정적 동의(positive agreement)를 일컫는 용어로, 이때는 아동이 자신에게 제안된 것이 무엇인지에 대해 충분히 이해하고, 동의가 부모의 것이 아닌 자신의 것이라는 것을 이해하여야 한다. 그리고 거절하는 이유가 명확하지 않더라도 아동은 연구의 참여를 거부할 수 있다는 것을 분명히 알며, 이것은 부모의 동의 여부에 달려있지 않다는 것을 이해해야 한다.

만일 아동이 이런 것을 충분히 이해할 수 없다면, 부모의 명확한 동의가 필요하다. 이때라도 아동으로부터 묵인(assent)을 받는 것이 필요한데, 아동이 자신에게 무엇이 일어나고 있는 지에 대해 알고는 있어야 하며, 이에 대해 거부할 수 있어야 한다.

3) 동의서

동의서는 인간 대상자를 보호하는 가장 중요한 장치라고 할 수 있다. 따라서 대상자는 연구에서 자신의 역할, 예상되는 결과에 대해 이해하고, 자유로운 선택에 의해 참여하게 된다.

동의서를 받는 절차, 포함될 내용 등에 대해서 여러 가지가 논의되고 있다. 우선 Applebaum과 Grisso(1995)는 동의서 과정의 적절성 여부를 평가할 때 다음 4가지 기준을 제시하고 있다.

① 능력(capacity): 동의할 수 있는 개인의 능력을 말하는 것으로, 법률적인 개념의 법적 능력(competence)과는 다소 차이를 보일 수 있다.

② 이해(understanding): 동의하는 것에 찬동하는 것을 알아들을 수 있는 개인의 능력으로, 종종 자신이 들은 것을 다시 한 번 반복함으로써 이해되었다고 평가할 수 있다.

③ 논리(reasoning): 위험성과 이득을 저울질하고, 예측할 수 있는 개인의 능력을 뜻한다.

④ 선택할 수 있는 능력(ability to express a choice): 선택을 이해하고, 가부를 결정할 수 있는 능력이다.

동의서의 핵심은 대상자가 충분하고 정확한 정보를 자신이 알아들을 수 있는 용어로 듣고, 그것이 무엇을 의미하는 지를 분명히 이해하며, 득실과 위험성에 대해 충분히 예견하고, 동의하지 않더라도 자신에게 아무런 해가 돌아오지 않는 자유로운 상황에서 자신 스스로가 자유롭게 선택하여 동의할 수 있도록 해야 한다는 것이다. 그리고 이것은 반드시 문서화되고, 대상자 자신의 자필 서명이 이루어져야만 한다. 또한 이런 자세한 규정, 절차, 문서는 사전에 연구계획서와 함께 연구심의위원회(IRB) 혹은 윤리위원회(IEC)에 제출해 검토되어야 한다.

4) 연구 유형

아동을 대상으로 하는 연구는 크게 치료적 연구와 비치료적 연구의 두 가지로 나뉘며, 비치료적 연구에는 관찰연구와 비치료적 처치연구가 있다.

(1) 치료적 연구

치료적 연구(therapeutic research)의 직접적인 목표는 연구에 참여하는 아동의 치료이다. 따라서 이 유형의 연구에서 윤리적인 딜레마는 대조군을 어떻게 하는가? 하는 것이 가장 중요하다. 가능한 이런 연구는 대조군을 통제한 이중맹검법(placebo-controlled double-blind studies)이어야 한다. 이때 새로운 치료법을 제공받는 그룹은 이득을 볼 수 있지만, 다른 그룹은 새로운 치료를 받지 못하게 된다. 따라서 대조군 그룹은 직접적인 이득을 얻을 수 없다.

하지만 나머지 그룹도 연구 수행의 결과로 인해, 결국 추후에는 치료를 받을 수 있게 되기 때문에 궁극적으로는 이득을 볼 수 있으므로 이것은 수용될 수 있다. 하지만 이런 이유로 인해 만일 적절한 대조군이 없이 수행된다면 그 연구는 소용이 없게 될 수 있다.

(2) 비치료적 연구

비치료적 연구에는 두 가지 유형이 있다. 첫 번째 유형으로, 관찰연구(observational research)는 연구자가 현재 존재하는 상황을 변화시키지 않고, 단지 가능한대로 정확하게 관찰할 뿐이다. 이런 유형의 연구는 규준 자료(standard data)를 가능케 하거나 혹은 어떤 특성이 어떤 그룹에 분포하는 방법 또는 어떤 질병이나 문제가 진행하는 과정을 보다 정확하게 이해할 수 있도록 한다.

두 번째 유형으로, 비치료적 처치방법 연구(non-therapeutic interventional research)는 대상 아동의 상황을 호전시키려는 목적이 없이 정상 상태에서 처치가 시행된다. 예를 들면 일반 아동 혹은 환아를 대상으로 방사성물질이 아닌 지표를 투여하여 대사 과정을 관찰하는 연구이다. 이 연구를 통해 아동의 생리 현상을 더 잘 이해할 수 있게 된다. 또 다른 예는 약물 개발의 초기 단계 연구이다. 예를 들어, 아동에게 아주 효과적으로 보여 지는 항생제를 개발하는데, 약물역동학 자료가 전무하다고 가정해보자. 추후에 이 약이 아동들의 염증에 투여하는 것이 적절하지 않다고 판명될 수도 있다. 그러므로 이 단계의 연구에서는 일반 아동과 염증이 앓는 아동에게 약을 투여한 후 채혈을 해야 한다. 한편 이 초기 단계가 지나서 이런 자료들과 부작용 및 효능에 대해 자료가 수집된 후에 시행되는 다음 단계의 연구는 치료적 연구에 속하게 된다.

비치료적 연구는 연구에 참여하는 대상자에 대해 진단이나 치료를 목적으로 하는 것이 아니고, 단지 순수하게 과학적인 목적만을 갖는다. 따라서 이때는 건강한 대상자든지 혹은 수행하고자 하는 실험연구와 전혀 무관한 병을 앓는 환아든지 전적으로 자발적이어야 한다. 그리고 이때 연구자는 만일 대상자에게 해가 될지 모른다는 판단이 서면 즉시 연구 중단을 고려하여야 한다. 또한 인간에 대한 실험 연구에서, 과학이나 사회적 관심이 대상자의 안녕을 넘어설 수 없다(헬싱키선언; WMA, 1997).

5) 연구심의위원회

연구심의위원회(Institutional Review Boards: IRB)는 별도의 독립된 윤리위원회(Independent Ethics Committee: IEC)를 둘 수도 있고, IRB가 겸할 수도 있다. 여기서 IRB 역할의 모두를 논의할 것은 없고, 단지 윤리 관련 사항을 논의한다. 이 위원회의 가장 중요한 역할은 미리 연구계획서를 검토함으로써 실험연구에 참여하는 대상자의 권리와 복지(welfare)를 보호하도록 지키는 일이다. 따라서 이런 역할을 충실히 하기 위해 다음 몇 가지 사항을 준수해야 한다(WHO, 1995).

첫째, 위원회(IRB)는 어떠한 편견이나 연구를 수행하는 연구자의 영향으로부터 자유로울 수 있도록 구성되고, 운영되어야 한다. 둘째, IRB는 운영의 기초가 되는 문서화된 규정과 절차를 가지고 있어야 할 뿐 아니라, 일반인에게도 공개될 수 있어야 한다. 이 문서에는 위원회의 소속, 구성원 및 자격, 위원회의 임무, 활동 기록의 담당자를 명시하여야 하고, 모든 활동에 대해 문서로 작성되어야 한다. 셋째, 연구자 혹은 연구자와 협력자는 연구계획서와 대상자로부터 동의서를 받고 문서화하는데 사용되는 방법 및 문건의 적정성에 대해 반드시 IRB에 제시하여야 한다. 넷째, IRB는 연구의 윤리적 수행에 대해 지속적인 책임을 갖는다. 즉, 계획서의 변경이나 실험 도중 발생하는 중대한 문제점, 혹은 대상자의 안전 및 실험 진행에 영향을 미칠 가능성이 있는 새로운 정보에 대해 항상 유의해야 한다. 다섯째, IRB가 과정에 대해 긍정적인 의견을 제시하기 전까지 대상자가 실험에 참여해서는 안 된다.

또한 연구계획서를 검토하는 데 있어, IRB는 다음 사항을 고려해야만 한다(WHO, 1995).

① 실험연구를 수행하는 데 있어 연구자의 적절성 여부가 검토되어야 한다. 연구자의 자격, 경험, 연구할 시간이 있는지, 도와주는 연구보조원과 적절한 시설을 갖추고 있는지 여부가 충분한 정보에 의해 검토되어야 한다.

② 연구목적, 기대되는 이득에 비해 예상되는 위험성 및 불편감에 대한 논리적 타당성, 계획의 효용성 등을 포함한 연구계획서의 적정성을 검토하여야 한다.

③ 연구대상자를 모으고 등록시키는 방법, 필요하고 적절한 정보의 제공, 동의서를 얻는 방법들이 검토되어야 한다. 특히 명령 체계에 있거나 혹은 다른 취약한 계층의 대상자인 경우 특히 유념해야 한다.

④ 정보는 적절하고 완벽하게, 관여하는 모든 사람들이 이해할 수 있는 글로 쓰여 져야만 하고, 이것은 대상자, 가족, 보호의무자 모두에게 주어야만 한다. 이렇게 글로 쓰인 모든 정보는 위원회에 최종본의 형태로 제출되어야 한다.

⑤ 만일 대상자가 사망하거나 혹은 손상을 입게 되었을 때, 보상 혹은 치료에 대한 대비가 되어 있어야 한다. 또한 실험연구에

기인할 수 있는 것에 대비하여 연구자와 후원자의 소송을 책
임질 수 있는 보험 혹은 법적 지원 체계에 대한 대비가 있어
야 한다.
⑥ 법률과 규정에 따라 실험연구를 수행하는 연구 자체나 기관
과 연구대상자에 대한 보수 혹은 보상의 정도 및 형태의 적정
성에 대해 검토하여야 한다.
⑦ 대상자의 안전 혹은 연구 수행에 영향을 줄 가능성이 있는 연
구계획서의 개정안을 받아들일지 여부를 검토한다.

따라서 IRB는 아동이 실험연구에 참여할 경우에는, 특히 ③, ④
항에 대해 특별한 주의를 요한다고 하였다. 이에 대해서는 〈표 2-
1〉에서 4개 군으로 실험연구의 정도에 따라 그 차이를 이미 구별하
여 논의한 바 있다.

6) 임상시험관리기준

세계보건기구(이하 WHO)를 비롯하여, 유럽연합(EU), 일본, 미
국, 오스트레일리아, 캐나다, 스칸디나비아제국들(덴마크, 핀란드,
아일랜드, 노르웨이, 스웨덴)은 인간이 참여하는 생의학적 연구를 수
행하는데 세계적으로 적용 가능한 기준을 공동으로 마련하려는 노
력을 하였다. 즉, 이런 노력의 결과로 제정된 것이 임상시험관리기
준(Good Clinical Practice: GCP)이다. 이것은 인간이 참여하는 실험
을 계획하고(design), 수행하고(conduct), 기록하고(record), 보고하
는(report) 것에 대한 국제적 윤리 및 과학적 질의 기준을 말한다.
실험연구를 수행함에 있어 이러한 기준을 따르는 것이야말로 실험

에 참여하는 대상의 권리, 안전 및 안녕을 보호하는 것이다.

따라서 GCP는 여러 형태가 존재할 수 있는데, 가장 널리 사용되는 것으로 ICH-GCP(1996)가 있다. 이것은 1990년 제정된 'Good Clinical Practice for Trial on Medicinal Products in the European Community'의 개정판이다. 그 외에 WHO에서 제정한 Guidelines for good clinical practice(GCP) for trials on pharmaceutical products(1995)가 있다. 이 외에도 각국의 실정에 맞도록 다소 수정된 지침이 있을 수 있다.

먼저 WHO-GCP(1995)에 의하면 윤리에 관한 원리로 헬싱키 선언, 그리고 CIOMS에서 제정한 '인간 대상의 생의학적 연구에 관한 세계윤리규정(IEGBRHS)', 연구를 수행하는 각 나라의 법률과 규정에 따르는 것을 제시하고 있다. 특히 CIOMS의 규정에서 제시한 3개의 윤리 원리-즉, 정의(justice), 인간 존중(respect for person), 선행(beneficence; 이득은 최대로, 해는 최소로)과 유해하지 않음(non-maleficence)의 준수를 강조하였다. 그리고 대상자 보호 항목에서 크게 4가지 사항을 강조하였는데, 그것은 헬싱키 선언, 윤리위원회, 동의서(informed consent), 비밀유지(confidentiality)의 항목이다.

국내에는 아직 GCP가 마련되어 있지 않고, 대신 그 전 단계인 비임상시험관리기준(Good Laboratory Practice: GLP)만이 있을 뿐이다. 이것은 GCP를 시행하기 이전에 주로 실험실 연구 혹은 동물실험에서 일정 기준을 마련하여 그 결과를 인체 실험에 적용하기 위한 것이다. 따라서 GCP를 시행하기에 앞서 GLP규정이 마련되어 이것을 준수하는 것은, 인체를 대상으로 실험연구에서, 대상자를 보호하는 최소한의 기준이라고 할 수 있다. GLP에서는 윤리규정에 대한 것은 생략되어 있고, 대신 안전성 확보와 연구의 적정성에만 초점이 맞추어져 있다(식품의약품안정청, 2000).

4. 요약 및 결론

역사적으로 아동들의 권리는 종종 무시되어 왔다. 일반적인 처우에서도 그렇지만, 예방접종의 실험대상이라든지 실험연구의 대상으로도 아무런 보호를 받지 못한 경우가 많았다. 특히 아동보호시설이나 정신지체 기숙학교, 고아원과 같은 열악한 환경에 놓인 아동의 경우는 정도가 더욱 심했다. 하지만 최근 들어 아동의 권리가 몇 차례의 중요한 변환기를 맞이하여 그들의 권리가 보호될 뿐 아니라, 존중되는 계기를 맞고 있다.

물론 아동뿐 아니라, 성인들도 실험 연구에서 종종 그들의 권리가 박탈되거나 무시되는 경우가 적지 않았다. 이러한 실상이 인류 역사에서 크게 주목받게 된 것은 아이러니하게도 나치 독일의 잔학한 반인류적인 인체실험이 밝혀지면서였다. 그것을 계기로 뉴렌버그 코드가 제정되고, 인간을 대상으로 하는 실험연구에서 대상자들의 안전 보호와 정확한 정보 제공 이후에, 자발적인 참여가 강조되기 시작하였다. 이와 함께 '탈리도마이드(thalidomide) 약화(藥禍) 사고'에 따른 약물 개발 과정에서의 안정성에 대한 의문, 냉전 시대에 비밀리에 자행되었던 방사선 노출 실험연구 등이 맞물리면서 이런 것을 막고자하는 세계의사회(World Medical Association)의 헬싱키 선언(1964년)이 실험윤리 지침 제정의 기폭제가 되었다고 할 수 있다.

하지만, 이런 규정 혹은 선언에도 불구하고, 비합법적이거나 혹은 의심이 가거나 불미스러운 실험연구들이 여전히 진행되었다. 그런 점들이 미국에서 벨몬트 보고서(1979)를 토대로 미 연방규정이 제정되고, 그 이후 전 세계적으로 실험연구에 대한 윤리 규정이 강제되기 시작하였다.

 아동의 권리는 항상 그들이 법적 무능력자이거나 자기 스스로 자기결정권을 갖지 못한다는 제한점으로 많은 논란을 벌여 왔다. 마찬가지로 실험연구에 참여하는 문제도 논란이 되어 왔다. 특히 미국에서 1950년대에서 1960년대에 걸쳐 윌로우브룩 주립병원(Willowbrook State Hospital)에 수용된 정신지체 아동들을 대상으로 간염균을 주사하여 병의 자연 경과를 실험한 연구에서 그 부모들이 자녀를 대신하여 실험연구에 참여하는 동의서를 작성한 것이 아동을 대신하여 부모가 동의한다는 것에 대해 의문점을 던지게 하였다. 특히 치료적 연구(therapeutic research)가 아닌 비치료적 연구(non-therapeutic research)일 경우에 그 문제가 더욱 도전받게 되었다.

 최근 아동을 보호하고 그들의 권리를 존중하려는 노력의 일환으로 보호의무자(대개 부모)의 동의는 물론, 미성년인 아동들의 동의(consent) 혹은 묵인(assent)을 확보하도록 규정하고 있다. 그리고 가장 중요한 것으로 동의서를 설명하고 획득하는 과정 및 절차에 대해 강조하고 있으며, 연구심의위원회(IRB) 혹은 윤리위원회(IEC)의 가장 중요한 임무에 하나로 대상자의 안전 및 복지를 보호하는 것을 강조하고 있다. 이런 노력의 하나로 세계보건기구 등을 중심으로 인간을 대상으로 하는 생의학적 연구(biomedical research), 그 가운데 특히 신약개발 과정에서의 세계적인 기준을 마련하였다. 그것이 바로 임상시험관리기준(GCP)으로, 인간이 참여하는 실험을

계획하고(design), 수행하고(conduct), 기록하고(record), 보고하는
(report) 것에 대한 국제적 윤리 및 과학적 질의 기준을 말한다. 이
것은 물론 선진국들이 자체적으로 개발한 약품의 간편한 유통 및
상호 인정을 목적으로 하는 상업적 목적도 있지만, 세계적으로 보
다 구체적인 관리 기준이 마련되었다는 데 그 의의가 있다. 국내에
서는 아직 이런 관리기준을 가지고 있지 못하고, 그 전 단계에 해당
하는 비임상시험관리기준(GLP)만을 제정했을 뿐이다.

　이와 마찬가지로 국내에서는 이제 겨우 몇몇 주요 대학을 중심으
로 연구심의위원회 정도가 구성되어 있을 뿐이고, 대부분의 유수한
학술잡지에서도 아직 투고 규정이나, 논문 심사 과정에 이런 윤리
규정을 명문화하고 있지 못하다. 아직 국내의 연구 여건이 매우 열
악하고, 국민들의 의식 수준이나 연구에 대한 참여가 부족한 것은
사실이지만, 점차 아동을 포함한 대상자들의 안전 및 권리 보호를
위한 제도적 장치에 대한 논의가 활발해질 필요가 있다.

　하지만 이런 이면에 지나치게 엄격한 윤리규정으로 인하여 연
구, 개발이 위축되거나 제약받는 것도 함께 고려해야 할 것이다. 지
나친 윤리규정이 아동용 치료제의 개발을 저해할 수도 있기 때문
이다. 미국의 경우 식품의약품안정청(FDA)의 엄격한 규제에 따라
의약품 연구와 개발이 이루어지다보니, 아동을 대상으로 하는 신
약 개발이 거의 이루어지지 않았다. 속속 새로운 치료제가 개발되
어 성인에게는 유용하게 사용되고 있음에도 불구하고 아동들은 그
들의 도움을 받을 수가 없게 된 것이다. 따라서 이런 불합리한 점을
개선하기 위해 미국 FDA는 1995년 새로운 법안을 마련하고, 실험
연구 규정을 다소 완화하였다(Laughren, 1996).

　결론적으로 실험연구에 있어 아동권리 보호에 관한 주제는 국내

에서 이제 겨우 공론화 과정이라고 할 수 있다. 하지만 반드시 필요한 주제이며 또한 시급한 문제다. 따라서 앞선 나라들의 경험을 교훈으로 지나친 규제일변도가 아닌 합리적인 안을 도출하는 것이 필요하다.

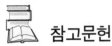 참고문헌

이완정(2003). 아동연구에 있어서의 윤리적 법적 기준. 한국아동권리학회 2003년도 춘계학술대회 자료집, pp. 67-90.

정선아 · 이혜경(2003). 관찰 및 조사연구 참여에 대한 아동권리. 한국아동권리학회 2003년도 춘계학술대회 자료집, pp. 19-34.

한국식품의약품안정청(2000). 비임상시험관리기준(KGLP) 해설서. 서울: 한국식품의약품안정청.

한국의료윤리교육학회(편)(2001). 의료윤리학. 서울: 계축문화사.

American Academy of Pediatrics Committee on Bioethics (1995). Informed consent, parental permission, and assent in pediatric practice. *Pediatrics, 95* : 314-317.

American Academy of Pediatrics Committee on Drugs (1995). Guideline for the ethical conduct of studies to evaluate drugs in pediatrics populations. *Pediatrics, 95* : 286-294.

Annas, G. J. (1995). Special Report: Human Subjects: Used or Abused? IN: *Medical and Health Annual*, pp. 229-234. Chicago : Encyclopedia Britannica, Inc.

Applebaum, P.S., & Grisso, T. (1995). The MacArthur Treatment Competence Study I, II, III. Law and Human Behavior 19: 105-174 cited from Hoagwood, K. (2003) : Ethical issues in research. IN : A. Martin, L. Scahill, D. S. Charney, J. F. Leckman (Eds.) *Pediatric Psychopharmacology*, pp. 737-745. Oxford : Oxford University Press.

Arnold, L. E., Stoff D. M., Cook E., Cohen D. J., Kruesi M., Wright C., Hattab J., Graham P., Zametkin A., Castellanos X., McMahon W., & Leckman J. F. (1995). Ethical issues in biological psychiatric research with children and adolescents. *Journal of American Academy of Child and Adolescent Psychiatry*, *34*(7) : 929-939.

Brook, C. G. (1999). Aiming for perfection: Outcome of fetal and neonatal medicine. *Lancet, 354* (supplement II), 25-27.

Burns, J. P. (2003). Research in children. *Critical Care of Medicine, 31*(3) : S131-S136.

Glantz, L. H. (1996). Conducting research with children. *Journal of American Academy of Child and Adolescent Psychiatry, 35*(10) : 1283-1291.

Greenhill, L. L., Jensen P. S., Abikoff H., Blumer J. L., DeVeaugh-Geiss J., Fisher C., Hoagwood K., Kratochvil C. J., Lahey B. B., Laughren T., Leckman J., Petti T. A., Pope K., Shaffer D., Vitiello, B., & Zeanah C. (2003). Developing strategies for psychopharmacological studies in preschool children. *Journal of American Academy of Child and Adolescent Psychiatry, 42*(4) : 406-414.

Grodin, M. A. (1996). Legacies of Nuremberg: Medical ethics and human rights (Ed.). *Journal of American Medical Association, 276*(20) : 1682-1683.

Grodin, M. A., & Alpert J. J. (1988). Children as partipants in medical research. *The Pediatric Clinics of North America, 35*(6) : 1389-1401.

Hirtz, D. G., & Fitzsimmons L. G. (2002). Regulatory and ethical issues in the conduct of clinical research involving children. *Current Opinion in Pediatrics*, 14 : 669-675.

Jonsen, A. R. (1978). Research involving children: Recommendations of the National Commission for the Protection of Human Subjects of Biomedical and Behavioral Research. *Pediatrics, 62*(2) : 131-136.

Katz, J. (1996). The Nuremberg Code and the Nuremberg Trial: A reappraisal. *Journal of American Medical Association, 276*(20) : 1662-1666.

Knudson, P. L. (2002). Ethical Issues in Human Subject Research: Research with children. *Archives of Medical Research*, 33 : 203-204.

Laughren, T. P. (1996). Regulatory issues in pediatric psychopharmacology. *Journal of American Academy of Child and Adolescent Psychiatry, 34*(10) : 1276-1282.

Lansdown, G. (2000). Implementing children's rights and health :www.archdischild.com.

Lo B. (2000). *Resolving Ethical Dilemmas: A Guide for Clinicians,* (2nd ed). Lippincott Williams & Wilkins.

Loue, S. (2000). *Textbook of Research Ethics: Theory and Practice.* New York: Kluwer Academic/Plenum Publishers.

McCormick, R. A. (1983). Proxy Consent in the Experimentation Situation. IN: J. Arras, and R. Hunt (Eds.), *Ethical Issues in Modern Medicine.* (2nd ed.). pp. 327-339. Mayfield Publ. Co.

Mielke, H. W. (2002). Research ethics in pediatric enviornmental health: Lessons from lead. *Neurotoxicology and Teratology,* 24 : 467-469.

Oesterheld, J., Fogas B., Rutten S. (1998). Ethical standards for research on children. *Journal of American Academy of Child and Adolescent Psychiatry , 37*(7) : 684-685.

Sauer, P. J. J. (2002). Research in children. A report of the Ethics Working Group of the CESP. *European Journal of Pediatrics,* 161 : 1-5.

Shuster, E. (1998). The Nuremberg Code: Hippocratic ethics and human rights. *Lancet, 351* : 974-977.

Smyth, R. L., & Weindling, A. M. (1999). Research in children: Ethical and scientific aspects. *Lancet 354* (supplement II), 21-24.

U.S. Department of Health and Human Services (DHHS)(2001). Code of Federal Regulations Title 45 Public Welfare, Part 46 Protection of Human Subjects. U.S. Department of Health and Human Services (DHHS). National Institute of Health, Office for Protection from Research Risks. http://ohrp.osophs.dhhd.gov/humansubjects/guidance/45cfr46.htm

U.S. Department of Health and Human Services (DHHS)(2001). Protections for Children in Research: A Report to Congress in Accord with Section 1003 of P.L.106-310, Children' s Health Act of 2000.

U.S. Department of Health and Human Services (DHHS)(1993). Protecting Human Research Subjects: Institutional Review Board Guidebook. http://ohrp.osophs.dhhs.gov/irb/irb-chapter6.htm

U.S. Department of Health and Human Services (DHHS)(1979).

The Belmont Report: Ethical Principles and Guidelines for the protection of Human Subjects of Research. http://ohrp.osophs.dhhd.gov/humansubjects/guidance/belmont.htm

World Medical Association (1997). World Medical Association Declaration of Helsinki: Recommendations Guiding Physicians in Biomedical Research Involving Human Subjects. *Journal of American Medical Association, 277*(11) : 925-926.

World Health Organization (1995). Guidelines for good clinical practice (GCP) for trials on pharmaceutical products. WHO Technical Report Series, No. 850, 1995, Annex 3.

제3장

관찰 및 조사연구에서의 윤리

1. 서 론

아동복지학과, 아동학과, 유아교육학과 등 아동 관련학과의 성장과 더불어 1980년 이후 20년간 국내 학술지에 게재된 아동을 대상으로 하는 연구는 450%이상 증가하였다(이옥, 2000). 특히 석·박사과정의 학위논문 수가 양적으로는 증가세를 보였다. 학위 논문을 비롯한 아동을 대상으로 하는 연구의 양적 증가는 아동에 대한 관심의 증가를 나타내며, 계량화에 의한 경험적 연구방법의 증가를 의미한다. 아울러 연구결과의 일반화와 과학화를 위해서 많은 대상 즉, 아동들의 자료를 모아서 분석하고 있다.

하지만 아동연구의 양적팽창 가운데에 아동을 대상으로 하는 관찰 및 조사연구에서 연구에 참여하는 아동의 연구윤리가 지켜져

왔는지 의문의 여지가 있다. 실제, 대학원 연구방법론 수업에서 연구의 과학화와 일반화를 위한 연구의 타당성과 신뢰성은 논의되고 있지만, 연구대상자를 보호하기 위한 연구윤리는 연구자의 윤리의식에 맡겨지고 있는 현실이다. 따라서 실제 연구 수행과정에서 연구에 참여하는 아동의 권리가 어떻게 보호되고 있는지 파악하기 어렵다. 물론 최근 연구 참여자의 익명성과 비밀보장을 강조하는 질적 연구가 아동 연구 분야에서 이루어지면서 연구에 참여하는 아동의 권리가 보호되어야 한다는 소리가 높아지고 있다. 그럼에도 불구하고 많은 연구에서 연구자의 연구에 대한 권리만이 강조되며 연구에 참여하는 연구대상자로서의 아동의 권리는 고려하지 않는다.

유엔 아동권리협약에 따르면 아동은 자신의 소리가 귀 기울여지고 심각하게 받아들여져야 할 권리(12조), 표현의 자유에 대한 권리(13조), 사생활이 보호될 권리(16조), 정보에 접근할 수 있는 권리(17조)를 가지고 있는 존재라고 규정되어 있다. 따라서 연구대상자로서 아동은 자신의 의견을 가질 수 있고 그 의견이 반영될 수 있어야 하며, 연구에 참여하지 않을 권리가 있으며, 연구에서 아동의 사생활이 보장될 수 있어야 하고, 연구의 목적, 절차 등에 대하여 알 권리를 가지고 있다. 즉, 관찰 및 조사연구에서의 연구대상자로서 아동의 권리는 보호되어야 하며, 이를 위한 연구윤리의 지침이 필요하다.

2. 관찰 및 조사연구의 연구대상 보호의 원칙

1) 연구대상 보호의 중요성

과학적 연구가 중립적이고 호혜적이라는 관점이 사라지고 연구에 있어서 윤리적 측면의 강조는, 나치의 포로수용소에서 이루어진 의학 실험참사에 대한 Nuremberg 법정에서 부터 시작되었다. 또한 1945년 일본에 떨어진 원자폭탄을 떨어뜨리는데 주도적인 역할을 한 과학자들이 숨겨지면서 연구의 실제적, 윤리적, 법적인 이슈가 제기되었다(Merriam, 1988; Punch, 1994). 연구대상의 물리적 그리고 심리적 학대가 밝혀진 이후, 인간을 대상으로 하는 실험을 관리하기 위한 첫 번째 규정이 뉴렌버그 코드로 제정되었다. 이 법의 첫 번째 조항에서 '연구대상으로서 인간의 자발적 참여는 절대적으로 중요하다' 라고 진술하고 있다. 이 법에는 인간이 가진 동의의 능력, 억압으로부터의 자유, 위험과 권익에 대한 이해가 필요조건으로 포함되어 있다. 이와 유사한 권고가 세계의학 협회의 헬싱키 선언에서 이루어졌고, 1964년 핀란드 헬싱키에서 열린 세계의학 협회에서 채택되었다.

미국에서는 1974년 인간을 대상으로 하는 연구를 제한하는 법규가 효력을 발휘하게 되었다. 이 법규들은 연구대상으로서 인간을 보호할 수 있는 하나의 기구로 연구심의위원회(IRB)를 세웠다. 그리고 1974년 7월에는 생물의학과 행동연구의 대상자인 인간 보호를 위한 국가 위원회(National Commission for the Protection of Human Subjects of Biomedical and Behavioral Research)가 세워졌고,

이 위원회는 인간을 대상으로 하는 생물의학적 그리고 행동과학의 연구가 따라야 하는 기본적인 윤리적 원칙을 '벨몬트 보고서(The Belmont Report)' 라는 이름으로 발표하였다. 현재 미국내에서 수행되는 연구는 지역별 또는 대학내 IRB의 심의를 거쳐서 수행되고 있다.

'생물의학과 행동연구의 대상자인 인간보호를 위한 국가위원회' (The National Commission for the Protection of Human Subjects of Biomedical and Behavioral Research, 1979)에서 발표한 벨몬트 보고서는 인간을 포함하는 연구의 윤리적 수행에 필요한 본질적인 원칙은 인간존중(Respect for persons), 권익(Beneficience), 그리고 정의(Justice)라고 밝히고 있다. 인간에 대한 존중은 개인의 존엄성과 자율성을 인정하고 자율성이 축소된 사람들에 대한 특별한 보호를, 권익은 예측할 수 있는 혜택을 최대화하고 가능한 위험을 줄임으로써 개인을 보호할 의무를, 정의는 연구의 혜택과 부담이 공정하게 배분되도록 할 것을 요구하는 내용을 담고 있다.

또한 이 보고서는 '실천' (practice)과 '연구' (research)의 의미를 정확하게 구분하였다. 실천은 개별 환자나 클라이언트 안녕의 증진에 중점을 두고, 문제해결에 대한 적절한 기대감을 갖고 있는 개입을 의미한다. 즉, 실천은 특정 개인에 대한 진단, 예방적 처치, 또는 치료를 제공하는 것을 말한다. 반면에 연구는 가설을 검증하고 결론을 도출해 그 결과 지식의 일반화에 기여하도록 고안된 활동을 지칭한다. 연구에서는 형식적인 프로토콜과 그 목적을 달성하기 위한 일련의 과정이 서술되어진다. 아울러 벨몬트 보고서의 원칙은 실천이 아닌 연구 수행에 적용되는 것이다.

2) 아동을 대상으로 하는 관찰 및 조사연구에서 연구윤리

IRB에 따르면 성인을 대상으로 하는 연구와 달리, 아동은 특별한 집단으로 구분되어 연구대상자로서 아동을 보호하기 위한 연구윤리가 다르게 적용되고 있다(Institutional Review Board, 2003; University of Illinois, 2001). 실제 연구수행에 있어서 미국의 경우 18세 미만의 아동이 연구의 대상이 될 때 아동이 연구에 참여하기 전에 부모나 후견인의 허락을 받아야 한다. 또한 연구자는 부모의 허락 외에 아동이 동의를 할 수 있는 능력이 있을 때는 아동의 동의도 함께 구하여야 한다. 따라서 아동이 연구에 참여하지 않으려는 욕구가 있을 때, 반드시 이를 받아들여야 한다. 아동을 대상으로 하는 연구는 아동의 자발적인 참여를 기본전제 조건으로 하고 있으며, 아동은 성인과 마찬가지로 연구의 목적, 절차 등에 대하여 고지받아야 한다.

연구대상이 성인일 경우 연구자는 연구 참여의 동의를 구하기 위하여 협상을 할 수 있지만 아동의 경우는 다르다. 연구자는 아동과 함께 하는 연구가 아동에게 어떠한 의미인지를 알아야 연구대상자로서 아동의 권리를 보호하고 연구의 윤리를 지킬 수 있다. 인류학자 Geertz(1986, 재인용; Graue & Walsh, 1998)는 연구대상자의 삶을 이해하고 이를 보호하는 어려움을 다음과 같이 말하고 있다.

우리는 타인의 삶을 살수 없다, 단지 그렇게 하려는 나쁜 신념의 일종이다.
우리는 그들이 그들의 삶이라고 이야기하는 것을 단지 들을 수밖에 없다.

우리가 사물들이 누군가의 내면의 삶을 어떻게 나타내는지를 아는 것은 우리가 그들의 표현으로만 아는 것이고 그들의 의식 속으로 마술을 부려 들어가 얻을 수 있는 것이 아니다. 모든 것이 표면을 긁는 것에 불과하다. (p. 57)

연구자가 연구대상으로서 아동을 보호하기 위하여 지켜야 하는 존중, 권익, 정의의 원칙에 앞서 아동의 능력에 대한 이해가 우선되어야 한다. 연구자는 연구에 참여하고 있는 아동이 똑똑하며, 이해할 수 있는 능력이 있고, 좋은 삶을 영유하길 원한다는 것을 기억하여야 한다(Graue & Walsh, 1998). 이러한 관점을 가지게 되면 아동과 연구자의 관계는 달라질 것이며, 연구자는 아동을 아동으로 대할 것이다. 아동을 성인과 다르게 대하게 될 때 연구에 참여하는 아동은 연구의 대상으로서가 아닌 연구자와 함께 참여하는 존재가 된다. 이로써 아동의 권리는 보호된다.

3. 연구 동의서: 충분한 정보제공

관찰 및 조사연구에서 벨몬트 보고서(Belmont Report) 원칙이 적용되는 방식은 동의서(informed consent)에 의해서이다. 동의서는 정보, 이해력, 그리고 자발성으로 구성되어 있다.

첫째, 정보는 연구대상자가 연구 참여 여부를 결정하기 위하여 연구에 대한 충분한 정보가 주어졌느냐에 대한 부분이다. 연구자는 대상자에게 연구의 절차, 위험과 혜택, 대안 절차, 연구에 대해 질문할 수 있는 기회를 제공하며 원한다면 언제든지 연구에 참여하지 않을 수 있다는 것을 밝힌 진술서를 제공해야 한다.

둘째, 이해력은 연구대상자가 자신들에게 주어진 정보를 이해할 수 있어야 한다는 것을 의미한다. 즉, 정보의 제공은 대상자의 이해 능력을 전제로 하므로 연구대상자의 능력에 맞는 정보제공 방식을 선택하여야 하며 또한 이해 능력이 제한되는 대상자에 대해서는 정보제공 방식을 이들에게 적합하도록 하여 연구에 대한 충분한 이해와 원치 않을 경우 연구에 참여하지 않을 수 있는 기회를 제공해야 한다.

셋째, 자발성은 연구에 참여하는 것이 자발적이어야 한다는 것을 의미한다. 즉, 연구에 참여하지 않는 것에 대하여 어떠한 불이익도 받지 않아야 한다는 것을 말한다.

관찰 및 조사연구에서 연구 동의서는 연구 참여자들이 연구에 대한 충분한 이해와 정보를 가지고 자발적으로 연구에 참여할 수 있는 근거를 제공한다. 따라서 동의서에는 첫째, 연구의 목적과 방법, 둘째, 자발적 참여 및 참여 중지에 대한 설명, 셋째, 연구 참여에 따른 이익과 위험, 넷째, 비밀보장 및 연구에 대한 문의 정보 등이 내포되어야 한다.

1) 아동의 이해력

관찰 및 조사연구에서 연구동의서의 내용과, 양식의 전달과정은 동의서 그 자체만큼 중요하다. 예를 들면, 정보의 내용이 조직화되어 있지 않거나, 생각할 시간이 너무 짧게 주어졌다거나, 질문의 기회가 생략된 경우는 연구대상자의 정보 선택 능력에 영향을 끼치게 된다.

연구대상자의 이해력은 지능, 합리성, 성숙도, 언어 등의 복합작용이다. 따라서 연구 동의서는 아동의 연령과 인지능력에 따라 다양한 수준에서 이루어져야 한다. 특히, 연구대상 아동이 영아와 어린아동, 정신 장애아의 경우는 그들 부모에게 각각의 연구대상에 따라 적절한 용어로 설명해 주어야 하며, 이들이 연구에 참여할 것인지 아닌지에 대한 결정의 기회를 선택할 수 있어야 한다.

Koocher과 Keith-Spiegel(1990)은 피아제의 발달단계에 따라 아동의 능력을 설명하였다. 전조작기적 단계에서 아동은 자기 생각안에서 자기중심적이다. 이 단계에서 아동이 고지에 따르는 결정을 만드는 것은 어렵다. 구체적조작기 단계의 아동은 공감할 수 있는 능력과 관점이 발달하며, 따라서 아동은 연구의 구체적 요소를이해하고 연구에 대한 동의가 가능하다. 형식적조작기에 있는 아동이나 청소년은 가설적-추론적 사고가 가능하다. 또한 추상적인것에서 일반화시킬 수 있다. Weithorn(1982)는 아동이 형식적 조작기, 즉 11～14세가 되면, 그들은 인지적으로 동의를 제공할 가능성있다고 진술했다.

미국 아동학회는 연구자가 아동의 동의를 구하기 전에 아동이이해할 수 있는 표현으로 연구의 절차에 대해 설명하고 아동에게연구 참여 여부, 연구 참여 중지에 대한 자유로운 선택권을 부여해야 한다고 명시한다. 특히 연구대상이 영아인 경우 부모에게 연구에 대해 더욱 자세히 설명해 주어야 하고, 연구과정 동안 영아가 나타내는 불편함의 징후가 없는지 예민하게 살펴보아야 한다. 자연관찰 연구의 경우, 관찰이 공공장소에서 이루어지고 연구대상 아동의 익명성이 완벽하게 보장되며, 연구과정이 연구대상자에게 미치는 부정적 영향이 없다고 판단될 경우 부모의 서면동의를 받지 않아도 되나, 이에 대한 판단은 IRB와 상의해야 한다.

따라서 연구대상자의 연령 및 인지능력에 따라 아동과 부모, 소속기관장의 동의가 필요하다. 특히 관찰조사 연구에서 아동은 연구 참여자이면서 동시에 연구대상자이기 때문에 아동의 동의는 중요하다. 아동의 경우에는 아동의 연령에 따라 구두로 설명하거나 서면동의를 선택할 수 있어야 한다. 이 과정을 지켜본 목격자의 사인도 받아야 한다. 또한 아동의 서면동의가 불가능한 경우 아동 보호자인 부모로부터 서면동의를 받아야 하며, 아동이 소속해 있는 기관을 통하여 아동의 참여가 이루어질 때는 아동들에게 연구에 대한 설명을 충분히 한 후 동의를 구하고 기관장 및 교사의 서면동의가 필요하다.

2) 아동의 자발적 참여

관찰 및 조사연구에서 아동은 연구참여자일 뿐만 아니라 연구대상이다. 따라서 아동의 자발적인 의사 표명은 연구에 관한 아동권리의 하나의 축을 이루고 있다. 아동이 연구에 참여할 것인가의 결정은 먼저 아동의 연구에 대한 충분한 이해를 전제로 한다. 따라서 아동 특히 유아가 이해할 수 있는 수준의 적절한 단어를 사용하여 아동이 연구목적과 필요성 등에 대해서 인식한 후 참여 여부를 스스로 결정할 수 있도록 해야 한다.

또한 초기에 아동이 연구에 참여할 것을 결정하였다 하더라도 아동이 연구 참여를 스스로 중단할 수 있는 권리가 있다는 것에 대해서도 알려야 한다. 아동이 연구 참여를 중단할 때에도 아동과 그 가족들에게도 어떤 위험이나 다른 불이익이 없음을 미리 알려줘야 한다.

따라서 연구 중도에 아동이 응답을 포기하거나, 조사연구 결과를 분석할 때 아동의 연구 참여가 중단된 경우가 있다면 이에 대해서 충분한 설명이 있어야 한다.

3) 연구 동의서 체크리스트

관찰 및 조사연구 과정에서 연구수행 윤리를 검증해 보기 위해 벨몬트 보고서에서 제안하고 있는, 인간의 존엄을 위한 원칙 규정 가운데 하나인 동의서(informed consent)의 내용을 중심으로 체크리스트를 작성할 수 있다.

체크리스트에는 다음의 내용이 포함되어야 한다.

첫째, 체크리스트는 연구참여자며, 연구대상인 아동에게 연구에 대한 설명을 통해 이해 증진을 목적으로 하고 있다. 따라서 연구목적에 대한 설명, 연구 진행과정 및 절차에 대한 설명, 만약 처치가 필요할 경우 처치에 대한 설명 및 절차에 대한 설명, 예측되는 참여기간 등에 대한 정보를 포함하고 있어야 한다.

둘째, 앞으로 진행되는 연구에 대한 참여는 자발적이라는 설명이 포함되어야 한다. 또한 연구 도중에 어떠한 다른 불이익이 없이 참여를 중단하거나 거절할 수 있다는 설명이 필요하다.

셋째, 연구과정 중에서 연구 참여자에게 발생할 수 있는 모든 종류의 위험이나 부적절함에 대한 설명이 필요하다.

넷째, 연구 기록에 대한 비밀이 유지될 것이라는 내용에 대한 설명이 필요하다.

다섯째, 연구자에 대한 정보와 연구대상자의 권리를 문의할 수

동의서 체크리스트

〈연구의 목적에 대하여〉
1. 이 연구가 대학교수의 지도하에 이루어지고 있다는 진술.
2. 연구의 목적에 대한 설명.
3. 진행될 절차에 대한 설명.
4. 어떠한 경험적 의학처치나 절차에 대한 정의(해당되는 경우).
5. 처치의 진행이나 적절한 선택적 절차의 설명.
6. 절차가 끝난 이후의 위치에 대한 설명.
7. 예측되는 대상자의 참여기간.

〈자발적 참여에 대하여〉
1. 참여가 자발적이라는 설명.
2. 프로젝트의 진행 중 어떠한 경우에도 다른 벌칙이나 손해 없이 참여를 중단하거나 거절할 수 있다는 언급.
3. 참여자의 어떠한 법적 권리를 포기하게 하는 용어의 금지.

〈위험과 이익〉
1. 예측할 수 있는 위험이나 부적절함에 대한 설명.
2. 연구의 결과로부터 예상되는 기대에 대한 설명: 개개인의 대상은 참여로 이익을 얻을 수 없으나, 일반적 지식과 사회에 이익이 될 수 있다는 것에 대한 설명.
3. 보상에 대한 설명.

〈비밀보장〉
1. 기록의 은밀함

〈연구에 대한 문의 정보〉
1. 연구 내용 중 궁금한 것에 대해서 연락할 수 있는 사람 표기.
2. 연구참여자의 권리에 관한 의문에 대해서 문의할 수 있는 사람 표기.
3. 연구와 관련한 사고에 대해서 연락을 취할 수 있는 사람 표기.

〈확인서명〉
1. 연구 참여자의 동의서 복사에 대한 설명.
2. 연구 종결에 대한 도장을 위한 공간.

있는 정보가 제시되어야 한다.

마지막으로 확인서명과 아울러 동의서의 형태가 문서화되어 있어야 한다.

4) 관찰 및 조사의 연구 동의서 예

(1) 어린 아동을 대상으로 한 연구에서의 동의서

안녕, (아동의 이름). 만나서 반갑구나. 나의 이름은 (인터뷰어의 이름). 나는 (연구기관)에서 나왔단다. 나의 일은 (연구주제)에 대해서 알아보고자 하는 것이야. 전체적으로 150명의 아동들과 이야기를 나눌 거야. 나는 오늘 너와 (연구주제)에 대해서 이야기를 나누려고 하며, 너의 부모님께 허락을 받았단다. 너와는 약 30분 정도 이야기할거야.

너는 나와 이야기를 나누고 싶은지, 아니면 아닌지를 결정할 수 있어, 이것은 전적으로 너에게 달렸단다. 너는 언제든지 이야기를 그만둘 수 있고 질문에 답하지 않고 넘어갈 수도 있어. 네가 질문을 그만두었을 경우에도 너와 너의 가족에게 아무런 문제도 되지 않아.

만약 어떤 질문이 너를 화나게 했다면, 그 질문에 대답을 하지 않아도 된다. 또 너를 화나게 한 어떤 질문에 대해서 나에게 이야기를 해주어도, 너의 가족과 이야기를 나누어도 괜찮다.

나는 너와의 이야기 후에 너에게 장난감을 줄 거야. 오늘 네가 나에게 말해준 이야기처럼 다른 아동들의 이야기도 모을 거야. 아동들의 이야기는 너희들이 무엇을 생각하고 있는지 이해하는데 많은 도움이 될 거야.

오늘 네가 말한 모든 것은 비밀이 보장될 거야. 이것은 너의 부모님을 포함하여 어느 누구도 네가 말한 내용에 대해서 알지 못할 거야.

다른 질문이 있니? 만약, 질문이 있으면, (연구기관)로 전화해줘. 번호는 000-0000이야. 만약, 너의 권리에 대해서 질문이 있으면 (연구기관의 IRB)로 연락해. 전화번호는 000-0000이며, 무료전화란다.

자 이제 다 되었다면 시작할까? 아래v칸에 너의 사인이 필요하구나. 내가 읽어줄께, 만약 네가 이해가 되지 않았으면, 내가 다시 설명해줄게.

나는 이 (연구주제)에 관해서 이야기 하는 것을 자발적으로 참여했습니다. 나는 이 연구와 관련하여 내가 참여한다는 것이 무엇인지를 이해합니다. 또한 나는 언제든지 참여를 멈출 수 있습니다. 이 양식의 복사본을 받았습니다.

_____   _____
아동의 사인   날짜

_____   _____
목격자의 사인(조사자가 아님)   날짜

(2) 10세 이상을 대상으로 한 연구에서의 동의서

나는 00대학교 학생입니다. 나는 (연구주제)에 대해서 연구하고 있습니다. 이 연구에 대해서 당신의 도움을 요청합니다.

당신이 동의한다면, 당신이 다른 사람과 대화하는 것을 녹음하겠습니다. 역시 당신의 나이와 배경에 대해서 질문을 하겠습니다. 나는 당신과 당신 부모와 같이 잠깐 이야기를 나누고 싶습니다. 우리의 만남은 당신과 당신의 어머니가 나의 질문에 대해서 얼마나 대답을 하느냐에 따라 적어도 약 몇 분에서 한 시간 안에 끝납니다.

나는 녹음의 시작과 끝을 당신에게 이야기할 것입니다. 기억하십시오. 만약 당신의 마음이 불편하거나 당신이 다른 사람에게 말하는 것을 내가 알기를 원하지 않는다면 언제든지 나에게 녹음의 중지를 요청할 수 있습니다. 녹음을 중지하거나 방을 나가는 것은 문제가 되지

않습니다. 어떠한 경우에도 나는 화내지 않으며, 오직 내가 원하는 것
은 타인과 말할 때, 당신이 편안한 감정을 느끼는 것입니다.

　당신이 말한 것은 어떤 부분도 비밀이 보장될 것입니다. 내가 당신
이 다른 사람과 말한 테이프를 연구할 경우 당신의 이름은 사용되지
않으며, 당신이 어떠한 단어를 사용했는지는 아무도 모릅니다. 당신
은 언제든지 이 연구 참여에 대해 선택할 수 있습니다. 또한 언제든지
그만둘 수 있습니다. 당신은 이 연구 동의서의 복사본을 받게 될 것입
니다.

　질문사항이 있으면 000-0000(혹은 이메일 주소)으로 연락을 하고,
연구 참여에 대한 권리에 대해서 정보를 원하면 IRB 000-0000로 연락
을 주십시오.

　도와주어서 감사합니다.

　나는 10세 이상의 아동입니다. 나는 나에게 설명된 연구를 이해하
였고, 참여에 동의합니다. 나는 이 동의서의 복사본을 받았습니다.

　이름 ＿＿＿＿＿＿＿＿＿

　사인 ＿＿＿＿＿＿＿＿＿　　　날짜 ＿＿＿＿＿＿＿＿＿

4. 관찰 및 조사연구에서의 아동 대상 연구 실태

1) 아동 연구 분야의 일반적 경향

　아동학 분야는 지난 20년 동안 학문적으로 괄목할 만한 성장세
를 보여 왔다. 연구결과물 발표가 활발해져, 한국가정학회지의 경
우 1980년대에는 아동 분야의 논문이 연평균 4편이었으나,

1990～1994년에는 8편, 1995년 이후에는 24편으로 크게 증가하였다. 또한 아동학회지에는 1980년대 초반에는 연평균 7편, 후반에는 10편이 보고되었으며, 1990년대 초반에는 연간 22편, 후반에는 연간 29편이 게재되었다(이옥, 2000: 207). 이렇듯 아동에 대한 사회의 관심과 더불어 아동 연구자의 수와 관련논문이 증가하였다. 발표된 많은 논문들은 대다수가 아동발달 특성과 관련변인을 규명하는 이론적 연구이며, 연구대상에 있어서는 영아와 청소년기 보다는 유아기와 학령기 아동에 편중되어 있는 것이 특징이다(이옥, 2000).

　하지만 아동 연구의 양적 증가만 있는 현실에 대해, 아동 연구 분야의 경향이 주제의 연속성이나 포괄성 없이 수량화된 연구에 몰두한 결과라는 비판도 일고 있다. 이를 극복하기 위해서는 아동 현장에 직접 개입하여 아동연구의 사회적 가치를 높여야 할 것이다. 또 연구방법의 편협성도 극복하여 아동 관련 정보를 탐구하는 다양한 접근방법들을 포용, 심층적 학문연구를 모색하는 다각적인 접근도 이뤄져야 한다(이옥, 2000).

2) 자료수집

　아동을 연구대상자로 하고 있는 관찰 및 조사연구의 아동권리 보호 및 아동 연구윤리 실태를 조사하기 위하여 2000년과 2001년에 발표된 서울 시내 5개 대학 아동 관련 학과의 석·박사 학위논문을 살펴보았다. 〈표 3-1〉에서 나타난 바와 같이 총 131편의 논문 가운데 아동을 연구대상으로 한 연구는 총 82편이었고, 이 가운데 국회도서관 원문 이용 가능한 논문 총 60편을 수집하였다. 60편의 논문은 연구대상자로서 아동권리 보호와 아동 연구윤리 실태를 분

〈표 3-1〉 수집된 자료의 수

	전체 아동학 관련 학위논문		아동을 대상으로 한 학위논문		최종 수집된 학위논문	
	2000년	2001년	2000년	2001년	2000년	2001년
A대	10	12	6	5	5	3
B대	18	25	7	12	7	12
C대	9	16	8	15	6	5
D대	10	20	8	13	4	11
E대	2	8	2	6	2	5
	50	81	30	51	24	36
	131편		82편		60편	

석하기 위하여 연구대상의 선정과정, 연구절차 등이 기술되어 있
는 연구방법을 중심으로 자료가 수집되었다.

최종 수집된 학위논문은 실험설계 연구방법을 이용한 논문이 22
편, 체크리스트를 통한 관찰 논문이 15편, 질문지를 사용한 논문이
16편, 면접 및 관찰을 이용한 논문은 7편이었다.

3) 분석방법

수집된 60편의 논문은 벨몬트 보고서에서 제안하고 있는 동의서
의 내용을 중심으로 작성된 체크리스트를 이용하여 분석하였다.
동의서의 내용은 인간의 존중 원칙을 적용한 부분이지만 권익과
공정성의 원칙을 포함하고 있으므로 연구윤리를 조사하는 방법으
로 적절하다고 보고 이를 선택하였다.

체크리스트에 포함된 내용으로는 ① 연구에 대한 정보, ② 자발

적 참여, ③ 연구의 위험과 이익에 대한 설명, ④ 비밀보장 등이다.

4) 연구결과

벨몬트 보고서에서 연구대상자로서 아동의 권리 보호와 연구윤리 수행을 위한 절차적 기준인 동의서(informed consent)의 내용을 중심으로 분석한 결과는 다음과 같다.

(1) 연구에 대한 정보

연구에 대한 정보는 연구대상자인 아동에게 연구목적, 절차 등에 대하여 설명하고 있는지를 포함한다. 따라서 연구에 대한 정보는 아동에게 이해하고 설명하는 데 있어서 아동이 이해할 수 있는 적절한 방법을 사용하고 있는가에 대한 부분인가를 포함하고 있다.

수집된 논문을 분석한 결과 수집된 논문 60편 가운데 면접 및 관찰방법을 사용한 7편의 논문을 제외한 53편의 논문에서 아동들에게 연구목적에 대한 이해를 구하기 위한 설명이나 정보가 동의서라는 형식적 절차를 거쳐서 제공되지 않았을 뿐 아니라 연구과정에서도 일어나지 않은 것으로 나타났다.

실험 설계 연구방법에서는 아동의 이해를 구하기 위하여 다음과 같은 절차가 필요하다. 첫째, 연구목적에 대한 설명, 둘째, 연구가 실험집단과 통제집단으로 나누어 이루어지고 있음을 알려주고, 셋째, 실시될 실험적 처치에 대한 설명, 넷째, 연구대상 아동이 실험집단과 통제집단 중 어느 집단을 선택할 것인가에 대한 결정 등이다. 그러나 수집된 어떤 실험 연구도 아동에게 연구에 대한 위의 어떠한 정보도 사전에 제공하려는 시도조차 하지 않은 것으로 나타났다.

면접 및 관찰을 연구방법으로 선정한 연구 논문 7편은 아동들에게 연구목적을 설명하고 연구자와 연구보조자를 설명하여 연구가 어떻게 진행될지에 대한 정보를 제공한 것으로 나타났다. 그러나 이 역시 동의서라는 형식을 거쳐서 이루어지지 않았다.

연구 참여자의 참여기간에 대해서는 논문의 내용 중 연구절차에서 모든 논문이 이를 명시하고 있었다. 그러나 아동이 연구에 참여한 기간에 대한 정보는 연구방법을 명료화하는 절차의 하나로 이루어지고 있다. 즉, 아동이 연구를 이해하고 참여하도록 하기 위하여 혹은 아동의 권리를 보호하기 위한 절차로서의 동의서가 아닌, 단지 연구자가 자료수집 방법을 구체화하여 자신의 연구과정을 알리는데 그 목적이 있는 것으로 나타났다. 따라서 분석된 60편의 논문들을 연구에 참여하는 아동의 권리를 보호하는 차원에서 연구에 참여한 아동에게 연구를 설명하고 그것을 이해시키려는 노력은 없었던 것으로 보인다.

(2) 자발적 참여

연구 동의서는 연구자가 자료를 수집하기 전에 연구대상자에게 연구에 대한 목적과 방법 등 기본정보를 제시하고, 연구에 대한 이해를 설명한 후 연구대상자가 연구에 자발적 참여하겠다는 동의를 구하는 것을 의미한다. 특히 아동을 대상으로 하는 연구에서는 부모의 동의를 구해야하고, 아동이 연구를 이해할 수 있는 연령이라면 아동의 동의도 필요하다.

분석 결과 논문에서 사용된 연구방법에 따라 연구 동의서를 구하는 양상이 다르게 나타났다.

첫째, 실험 설계 연구 논문 21편 가운데 연구 동의서를 받은 논문은 단 2편인 것으로 나타났다. 이 2편의 논문에서는 '각 치료기관에서 병원의 담당의사에게 진단 받은 아동을 추천 받아 대상자의 부모에게 연구의 목적을 설명하고 동의서를 받았다', 'ADHD 장애를 가진 아동 14명이 선정되었고, 이 아동들의 부모님들께 전화와 서면으로 참여 동의 여부를 조사하여'라고 각각 제시되어 있어서 아동의 자발적 참여를 보장한 것으로 나타났다. 또한 비교 집단인 정상 아동 대상 선정과정에 있어서도 '유아기관을 통해 무선 표집하고 대상자의 부모에게 연구의 목적을 설명하고 동의서를 받았다'고 하여 연구 동의의 절차를 거친 것으로 나타났다. 이 2편의 논문을 제외하고는 다른 논문은 연구 동의서에 대한 언급이 없었다.

둘째, 설문지를 이용한 관찰 연구에서는 연구대상 아동들이 아닌 아동이 속한 소속기관의 장이나 담임교사에게 구두로 설명하는 방법으로 동의의 절차를 거친 것으로 나타났다.

셋째, 면접 및 관찰을 연구방법으로 선정한 연구 논문 7편 가운데 5편의 논문은 아동의 연구 참여에 대한 동의를 구하지 않았으나, 2편의 논문에서는 관찰을 위해 아동에게 직접 동의를 구하거나 부모의 동의를 얻는 형식으로 아동의 연구 참여가 자발적으로 이루어지도록 하였다. 아동과 직접 만나서 접촉해야하는 면접과 관찰의 연구방법은 아동의 연구 참여에 대한 동의를 구하는 것이 필수적일 것으로 보인다.

넷째, 질문지를 사용한 16편의 연구논문 가운데는 2편을 제외하고는 질문지 앞에 동의서를 첨부하였다. 아동의 연구 참여에 대한 동의를 구한 형식은 아동 대신 학급 담임 선생님께 동의를 구한 경우가 3편이었고 나머지는 연구에 직접 참여한 아동에게 연구 참여의 동의를 구한 것으로 나타났다. 동의서에 포함된 내용은 연구 목적에 대한 설명, 비밀보장, 연구자에 대한 정보 등만이 제공되는데, 이는 질문지 수거를 성공적으로 하기 위한 안내문의 형식으로 보인다. 따라서 질문지에 첨부된 동의서는 연구에 참여한 아동의 권리를 보호하기 위한 연구자의 노력으로 보기는 어렵다. 특히, 연구 동의서에 아동이 연구 참여를 거부할 수 있는 권리가 있다는 것을 언급하고 있지 않아 질문지에 첨부된 동의서가 있다는 것으로 아동의 권리가 보호되었다고 단정 지을 수 없다.

연구자의 자발적 참여는 연구자의 자발적 참여에 대한 의사 표명과 아울러, 어떠한 불이익 없이 언제든지 연구 참여를 중단할 수 있음을 내포한다. 따라서 연구자는 연구대상자에게 이러한 정보를 제공할 의무가 있다. 분석결과 1편을 제외한 59편의 논문에서 연구 대상인 아동이 연구 참여에 대한 의견을 제시하거나, 거부의 의사 표명을 할 수 있는 어떤 절차도 마련되어 있지 않았다. 그러나 면접 및 관찰방법을 사용한 논문 가운데 1편은 '대상 유아가 허락하지 않은 경우가 2회 있었으며, 그 유아는 관찰대상에서 제외하고 다음 순서의 유아를 관찰하도록 하였다'고 진술하고 있어 아동이 연구에 참여를 거부할 수 있는 권리를 인정한 것으로 나타났다. 이 논문은 연구 참여자의 자발성을 보호했다는 측면에서 의미가 있다.

연구대상자의 자발적 참여와 관련하여 질문지를 사용한 1편의 논문에서는 불성실한 답변을 한 질문지는 자료의 수집과정에서 제외되었다는 연구과정상의 진술이 있었다. 그러나 이를 단순히 불성실한 질문지라고 명명하기 보다는 아동이 연구 참여를 거부하거나 혹은 중단하겠다는 자발적인 의사표현의 방법으로 해석이 가능하다. 따라서 아동이 연구 참여를 거부하거나 연구 참여 중도에 중단할 수 있는 권리가 보장될 때 연구자는 더욱 성실한 자료를 수집할 수 있을 것으로 보인다.

(3) 연구의 위험과 이익에 대한 설명

본 연구에서 분석된 논문 60편에서 연구가 줄 수 있는 위험과 이익에 대한 설명은 공식적으로 진술되어 있지 않은 것으로 나타났다.

(4) 비밀보장

연구기록의 비밀을 보장하려는 연구자의 의지를 보여주는 비밀보장에 대한 진술이 있는지를 분석한 결과 60편 논문 가운데 비밀보장에 대한 항목을 발견할 수 있었던 부분은 매우 제한되었다. 질문지를 이용한 논문 16편의 경우 질문지에 첨부된 안내서에 자료의 비밀보장을 명시하고 있는 것으로 나타났다. 관찰방법을 사용한 3편의 논문에서는 논문 본문에서 연구대상자 아동의 가명을 사용하는 등 연구 참여자에 대한 비밀보장이 이루어지고 있었다. 그러나 1편의 논문에서는 연구를 위해 취득된 자료, 예를 들어 생활조사서, 교사일지, 학부모 면담기록지가 어떻게 은밀하게 다루어졌는지에 대한 언급이 없어 비밀보장의 원칙에 위반하고 있는 것으로 나타났다. 다른 방법의 연구와 달리 면접과 관찰이 주요 연구방법인 연구에서 비밀보장의 원칙이 인식되고 실현되고 있는 것으로 보아 연구대상자로서 아동의 권리가 제한적으로나마 이루어지고 있는 것으로 보인다.

(5) 논의 및 시사점

최근 들어 아동을 대상으로 한 석·박사 연구 논문이 급격하게 증가하고 있다. 그중 일부의 논문을 분석한 결과 대부분의 연구에서 연구대상으로서 아동의 권리가 보호되어야 한다는 연구윤리에 대한 인식이 심각하게 부족한 것으로 나타났다.

첫째, 연구정보를 제공하는 데 있어서 연구자들은 연구절차나 목적을 설명하고 있기는 하지만 연구대상자 아동을 보호하기 위한 동의서(informed consent)의 형식으로 이루어지지 않았고, 연구방법상의 절차적 과정으로 인식하는 데 그치고 있는 것으로 나타났다. 둘째, 자발적 참여의 경우 대부분의 연구가 연구대상자인 아동에게 연구에 자발적으로 참여하도록 해야 한다는 인식의 부재를 보여주고 있었다. 또한 자발적 참여의 주요한 측면인 연구대상자인 아동이 참여를 거부할 수 있고 연구과정중에 참여를 거부할 수 있는 권리가 있다는 것에 대한 인식은 더욱 부족한 것으로 나타났다. 셋째, 연구에서 예측되는 위험이나 이익에 대한 항목에서는 모든 연구가 이에 대한 인식조차 없었다. 넷째, 연구 자료의 비밀보장은 조사연구에서 질문지의 원활하고 성공적인 수집을 위하여 질문지 안내서에 진술은 되고 있지만 연구대상자의 권리를 보호해야 한다는 윤리적 의식으로 연결되어지고 있지 못하였다. 이러한 고찰을 통해서 아동을 대상으로 하는 연구들이 아동을 권리를 가진 존재로 인정하기 보다는 연구를 위해 필요한 도구적 대상으로 인식될 수 있는 위험한 가능성을 보여주었다. 동시에 연구대상자로서 아동의 권리가 보호될 수 있는 방안을 마련하는 것이 절실하게 요구되어진다.

5. 결 론

관찰 및 조사연구에서 연구대상자로서 아동을 보호하기 위하여 모든 연구자들이 다음과 같이 자문해보는 것 역시 아동의 권리보호 및 아동 연구 윤리에 도움이 될 것이다.

연구를 수행할 때 윤리적인지 아닌지를 결정하기 어려울 때는 연구자 자신을 대상자의 위치에 두고 그 친절한 사람이 나에게 무엇이 었는지를 알았을 때 든 느낌이 어떠하였는지를 생각해보는 것이 좋은 출발점이다. 만일 당신이 참여하길 원하지 않았던 연구에 표집된 것을 알고 기분 나쁘고 감정이 상했다면 다른 사람에게 그렇게 하지 말라. 만일 당신이 비밀로 한 이야기가 공식 보고서에 실려 있어 배신당한 느낌이 들었다면 비밀 보장을 위반하지 말라.… 헤밍웨이는 언젠가 '당신이 이후에 좋다고 느끼는' 것으로 선한 사람을 정의하였다. 만일 당신이 그 사람을 다시 만난다고 생각하고 당신이 어떻게 느낄지를 생각해 보아야 할 것이다. 만일 그에 대한 답이 '좋지 않다면' 그렇게 하지 마라(Graue & Walsh, 1998: pp. 56-57 재인용).

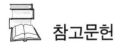 참고문헌

이옥(2000). 가정관리학의 아동분야 연구 20년의 평가. 한국가정관리학회지, 18(1). 203-216.

The National Commision for the Protection of Human Subjects of Biomedical and Behavioral Research. (1979).

Graue, E., & Walsh, D. (1998). *Studing children in context: Theories, methods, and ethics.* Thousand Oaks, CA: SAGE Publications.

Merriam, S. B. (1988). *Case study research in education: A qualitative approach.* SanFrancisco, CA : Jossey-Bass Publishers.

Punch, M. (1994). Politics and ethics in qualitative research. In N. Denzin & Y. Lincoln (Eds.). *Handbook of qualitative research.* (pp. 83-97) Thousand Oaks, CA: SAGE Publications.

Rae, W. A., & Fournier, C. J. (1999) Ethical and legal issues in the treatment of children and families. In Russ, S. W. & Ollendick, T. H. *Handbook of Psychotherapies with Children and Families,* pp. 67-83. Kluwer Academic/Plenum Publishers.

University of Illinois. (2001). IRB Handbook for investigators: Summary Guide. Urbana-Champaign, IL: University of Ilinois. (www.uiuc.edu/unit/vcres/irb/hbsummary.html

University of Illinois. (2002). IRB(www.uiuc.edu/informed consent)

제4장

아동학대 연구와 조사의 윤리

1. 아동학대 연구와 조사에서 윤리지침의 필요성

아동학대를 연구하거나 조사하는 과정에서는, 가족과 관련된 다른 어떤 영역에서보다도 훨씬 더 복잡하고 민감한 윤리적, 법적 논쟁이 발생한다. 일차적으로 제기되는 논쟁은 법적으로나 윤리적으로 어느 수준에서 아동학대를 다룰 것인가 하는 이데올로기의 문제이다. 즉, 아동학대를 '아동에게 제공해 주어야 할 최소한의 도덕적 수준'에서 다루어야 할지, 아니면 '아동에게 필요한 최상의 서비스를 제공'하는 차원에서 다루어야 할지, 혹은 이 두 가지 가치가 조화롭게 균형을 이루는 어느 수준이 있는가를 결정해야 한다. 어떤 가치기준을 설정하는지에 의해서 아동보호서비스는 치료 중심의 사후서비스가 되거나, 예방 중심의 사전서비스가 된다.

아동학대의 연구과정에서 윤리적, 도덕적 가치 갈등은 실제로 상당히 구체적이고 세밀한 형태로 표현된다. 예컨대 부모와 가족에게 알려야 할 사실은 무엇이고 비밀에 부쳐야할 것은 무엇인가, 아동의 안전이 위협받을 때도 비밀을 계속해서 보장해 주어야 하는가가 있다. 그리고 연구과정에서 밝혀진 학대사실을 어느 시점에 아동보호기관에 신고하는 것이 좋은가, 학대아동의 보호받을 권리를 어떻게 보장해 주어야 하는가, 아동에게 연구나 조사 참여 동의서를 어떻게 받을 것인가, 학대받는 아동을 가정으로부터 격리시켜야 하는가, 가해자를 대상으로 한 아동의 학대 확인과정이 반드시 필요한지 등도 모두 아동학대 연구와 조사과정에서 피할 수 없이 직면하게 되는 갈등들이다. 미국에서는 1990년대 중반까지 아동학대 연구과정에서의 이와 같은 윤리적 갈등 때문에 아동에게 학대 사실을 확인하지 않았다.

우리나라의 경우 아동학대를 연구하고 조사하는 과정에서 제기되는 민감한 윤리적 사안을 어떻게 다루어야 할지에 대한 구체적인 안이 아직 없다. 의료계 등 몇몇 특정 아동관련 영역을 제외하고는 연구와 조사과정에서 연구자가 지켜야 할 윤리지침이 마련되어 있지 않은 것이다. 지금까지 학대받은 아동은 어떠한 보호조치도 받지 못한 채 연구, 조사과정에 참여하여 자신에 대해 그리고 가족과 부모에 대해 정보를 제공해 왔다. 더욱이 아동학대 연구와 조사의 참여 여부 등에 대해 아동 자신이 의견을 표명할 수 있는 동의절차도 마련되어 있지 않다. 이러한 상황에서는 아동을 도우려는 아동학대 연구와 조사과정이 아동을 또 다른 형태의 어려움에 연루시키는 위험을 부를 수 있다.

따라서 본 장에서는 아동학대를 연구하거나 조사하는 과정에서 생겨날 수 있는 윤리적 갈등을 다루고, 그 과정에서 부수되는 문제를 최소화할 수 있는 제안을 하고자 한다. 이러한 시도는 아동학대를 연구하거나 조사할 때 뒤따르는 윤리적, 도덕적 갈등에 대한 연구자들의 이해와 민감성을 높이고, 아동의 권리 침해를 최소화할 수 있을 것이다.

2. 아동학대 연구와 조사의 윤리적 쟁점

1) '적당한 수준'이 아닌 '최선의 것'으로 가치 전환

윤리란 인간 사회의 도덕적 가치를 말한다. "윤리는 한 사회의 문화, 태도, 전통과 연관되어 있으며, 이는 사회구성원들이 그 사회를 다루는 모든 개념들의 총화"이다(Elliot, 1992). 예를 들어, 가족의 신성성을 굳게 믿고 있는 사회는 가족이 제대로 기능하지 못하는 경우에 해로운 가족상황으로부터 아동을 보호하기 위해 국가가 개입해야 한다는 윤리적 이념을 갖고 있으며, 이러한 이념을 실행할 수 있는 정책을 개발한다.

생명윤리학에서 법은 옳고 그름을 규정하는 '최소한의 도덕성' 그 이상의 의미를 갖는다(Annas, 1994). 여기서 법은 최소한의 보호 기준을 제공하는 것이라기보다는 최상의 보호를 제공할 목적으로 사용된다. 이러한 관점에서 윤리는 이상을 추구한다(Jonsen, 1991). 그러나 일반적으로 아동복지 서비스 체계는 생명윤리학의 관점과는 달리, 가족이 아동을 보호해야 하는 최소한의 준거를 충족시키지 못했을 때만 가족 문제에 개입한다. 가족이 역기능을 보일 때만 국가가 개입하는 것은 국가가 가족의 신성성과 자율성을 중시하는 이념을 갖고 자녀에 대한 부모의 전적인 권위를 인정하기 때문이다. 이 경우 국가의 일차적 관심은 부모에게 자녀를 양육하는 데 필요한 최상의 환경을 제공하는 것이 아니라 다만 가족의 역기능을 초래하는 위험요소가 무엇인지를 밝혀내고, 이를 보완해 줄 수 있는 지원책을 개발하여 시용하는 데 있다.

가족의 자율성과 신성성에 대한 국가의 이념은 학대아동보호서비스에서도 아동의 발달을 위협하지 않는 '최소한의 양육환경'을 제공하는 데 주로 관심을 갖는다. 이러한 맥락에서 학대받는 아동을 위한 보호서비스는 일반적으로 아동의 발달이 심각한 정도로 위협받는 상황에서 비로소 개입이 시작된다. 그 결과 아동학대 문제에 대해 국가는 소극적으로 대처하게 된다. 이와 같은 이념이 지배적일 경우, 아동과 관련된 개별 전문가 집단은 가족문제가 발생하는 것을 예방할 수 있는 활동을 해야 하고, 나아가서 국가를 대상으로 정책의 이념이 '아동을 위한 최선의 것'으로 전환되도록 지속적인 노력을 펼칠 필요가 생긴다.

그리하여 아동학대에 대한 정책이 '아동을 위한 최선의 것'을 지향하고 이를 성취할 수 있으려면 아동학대를 유발하는 주변의 문제들, 예컨대 아동 및 가족빈곤, 정신건강의 문제, 약물처치의 문제, 부적합한 지원정책 등이 무엇인지를 먼저 파악해야 한다. 최근 우리 사회에서 발생하고 있는 일련의 심각한 아동학대 사건들은 아동보호서비스가 '최소한의 도덕 기준을 만족시키는 수준'이어서는 안 된다는 것을 명백히 보여주고 있다. 동시에 이것은 최소한의 아동보호서비스 체계만을 규정하고 있는 현행 우리나라의 아동보호 관련법과 정책을 압박하고 있다.

2) 아동의 필요와 부모의 요구 간의 균형

아동학대에 대한 연구와 조사과정에서 아동의 권리와 부모가 행사할 수 있는 권리의 범주를 설정하는 것이 매우 중요하다. 부모의 친권은 아동학대 연구와 조사과정에서 아동의 권리와 자주 충돌한다. 몇 가지 예외적인 상황을 제외하고는 자녀에 대한 부모의 법적 권한이 아동의 권리보다 언제나 중요하게 다루어져 왔다(Lawerence & Kurpius, 2000). 즉, 아동의 필요가 부모의 요구에 우선순위가 밀려 나는 것이다.

미국의 경우 가족의 신성성과 자율성에 대한 신념이 강해서 부모들은 자기가 믿는 바대로 자녀를 양육할 권리를 부여받고 있어서, 결과적으로 부모의 권리를 아동의 권리보다 중요하게 다루고 있다. 이러한 맥락에서 아동학대가 의심이 될 경우에도 아동을 포함한 모든 시민들의 안녕을 보호할 책임이 있다는 도덕적 준거에 따라 부모의 친권을 위협하지 않는 범위 내에서 아동학대를 다룬다. 부모에게 자녀의 친권을 우선적으로 인정하는 것은 가족에 대한 국가의 개입이 어떤 경우에는 아동에게 해가 될 수 있기 때문이다. 아동학대가 발생하면 아동을 보호해야 하는 국가의 책임을 강조하면서, 부모에게 필요한 정보를 제공하며 부모를 지원한다. 피학대아동에게 시설보호가 필요하다고 판단되어도 가족구성원을 해체하지 않고 가족이 유지되는 것을 더 중요하다고 여긴다면, 아동을 가정으로부터 분리하지 않는다(MacDonald, 1994).

이러한 조처는 사실상 아동이 처한 위험상황을 그대로 방치하는 것으로, 아동보호서비스 과정에서 언제나 아동의 안전을 최우선으로 고려해야 한다는 원칙에 위배되는 것이다. 이것은 아동의 필요와 발달적 요구보다는 부모의 자녀에 대한 권리와 책임을 더 중요한 가치로 여긴 아동보호 정책이다. 이러한 상황 때문에 학대받는 아동을 보호하는 데 있어 가족 중심주의 이데올로기가 때로는 강한 비판을 받는다(Gelles, 1973).

부모와 아동의 필요와 요구가 충돌할 경우, 이에 어떻게 대처해야 하는가는 아동학대 연구 조사과정에서 중요하게 다루어져야 할 문제이다. 부모와 자녀들의 필요와 요구를 충족시키는 것 사이에 발생할 수 있는 미묘한 윤리적 갈등은 학대피해아동들의 문제가 대부분 가족과 관련되어 있고, 어떤 경우 아동보호서비스에 가족들이 참여한다는 점에서 더욱더 복잡하고 해결하기 어려운 것으로 보인다. 아동보호서비스 과정에서 아동의 권리와 부모의 권리가 균형을 이루는 것이 어떤 경우에는 거의 불가능해 보인다. 아동학대 연구와 조사과정에서 밝혀진 아동학대 사실에 대한 비밀을 보장하면서, 가족의 기능을 강화할 수 있는 방안을 모색하고, 동시에 학대받는 아동을 보호할 수 있는 정교한 조사방법을 개발해야 하는 등, 최소한 세 가지의 서로 상충될 수 있는 부모와 아동의 욕구와 필요를 만족시켜야 하는 데 어려움이 있다.

아동이 보호가 필요한 상황에 처했다는 사실은 아동의 입장에서는 매우 심각하고 중요한 문제이다. 때로 아동보호서비스에 참여하는 사람들이 아동발달에 대한 이해가 부족하여 아동의 의견을 중요하게 다루지 못하는 실수를 범하기도 한다. 이때 아동과 가족의 욕구나 필요 중 누구의 것이 더 중요하고 긴급한가를 평가하여 우선순위에 따라 필요를 충족시키는 것이 해결방안이 될 수 있을 것이다. 그러나 무엇보다도 아동의 의견이 의사결정과정에서 가장 중요하게 다루어져야 하고, 아동보호서비스를 계획하는 과정에서 아동의 안전이 우선되어야 한다는 점은 명백하다.

3) 아동학대 연구, 조사 참여에 대한 동의 얻기

연구를 진행할 때 연구대상자에게 동의를 얻는 것은, 적절한 수준에서 연구와 관련된 정보를 연구대상자에게 알려주는 최소한의 도덕적 행위이다. 아동으로부터 동의를 얻는 것은 아동이 자신과 관련된 모든 일에 대하여 알 권리가 있을 뿐만 아니라, 자신의 의사를 표현할 권리가 있기 때문이다. 특히 아동학대 연구에서 아동으로부터 동의를 얻는 과정은 매우 중요하다.

동의서에는 연구의 목적, 연구절차, 연구가 갖고 있는 위험, 연구에 참여함으로써 얻게 되는 이점과 위험요소, 연구과정에서 답변을 거부할 수 있는 권리, 연구과정에서 선택할 수 있는 대안, 비밀보장, 질문내용 등을 포함하고 있어야 한다. 연구자가 불가피한 경우 동의서를 작성하는 과정에서 연구내용이나 절차에 대한 정보를 정확하게 말하지 않는 경우도 가끔 있다. 이러한 일은 가능하면 발생하지 않도록 해야 한다.

(1) 아동과 부모의 동의

아동학대에 대한 연구와 조사를 수행하는 과정에서 '누구를 대상으로 할 것인가?'와 '누구로부터 동의서를 받는가'를 결정하기는 쉽지 않다. 일반적으로 부모들이 자녀대신 동의서를 작성해 왔다. 미국상담학회(American Counselling Association: ACA, 1995)는 '내담자가 동의서를 혼자서 작성하기 어려운 경우 부모나 다른 보호자가 적절한 수준에서 상담과정에 참여할 수 있다'고 규정하고 있는 데, 여기서 적절한 수준이 무엇을 의미하는지에 대한 상세한 설명은 없다. 부모들이 연구목적을 이해하고, 연구 동의서를 작성할 수 있기 때문에 아동을 연구에 참여시키는 것은 부모가 참여할 때 가능한 것이다.

아동과 부모 중 누구의 동의서를 받아야 하는가를 결정하는 데 아동에 대한 이해와 부모의 역할에 대한 사회적 합의가 영향을 미친다. 아동이 성인의 축소물이라는 생각과, 아동의 자율적 능력을 인정하면서 이들의 권리를 인정해야 한다는, 아동에 대한 상반된 이해는 아동학대를 연구하고 조사하는 과정에서 부모가 동의서를 대신 작성하는 것의 정당성과 타당성에 대한 논란을 불러일으킨다.

아동이란 출생하는 순간부터 이성적이고 자율적이라고 볼 수 없어 아동대신 부모가 동의서를 작성해야 할 것이라는 주장도 있다. 이러한 입장을 취하는 사람들은 부모들이 자신의 자녀를 낳았기 때문에 돌봐야 할 권리가 있다는 전통적인 생각에서가 아니라 성인에게 부모역할을 부여한 사회적 합의 때문에 부모가 동의서를 작성하는 것이 타당하다고 본다(Scales, 2002). 이 경우 부모들이 심리적으로 건강하고, 합리적이어야 하며, 의지가 있어야 하고, 자녀가 건강하게 성장 · 발달할 수 있도록 지속적으로 돌볼 수 있는 능력을 갖고 있어야 함이 전제되어야 한다. 그러나 부모들이 자녀양육에 대한 역량을 고루 갖추고 있다고 하더라고 동의서를 작성하는 과정에서 부모들이 자녀의 최선의 이익을 고려하는가는 항상 문제가 된다. Belmont Commission은 아동이 연구에 대해 더 이상 관심을 보이지 않으면 제삼자인 부모도 연구에 더 이상 참여하지 않아야 한다고 제안하였다. 부모 중 한 사람이 자신의 자녀가 연구에 참여하는 것에 동의하지 않을 때 이는 거절로 봐야한다.

반면 아동을 성인의 축소물로 생각하는 것은 아이들의 역량을
지나치게 과소평가한 것으로, 어떤 아동은 성인들이 생각하는 것
보다 훨씬 더 책임감이 강하고 합리적이기 때문에 아동이 스스로
동의서를 작성할 수 있는 능력이 있다는 주장도 있다.

　아동으로부터 동의를 얻는 것은 아동이 부모의 소유물이 아니며
자율적 능력을 지녔다는 것을 인정하는데서 출발한다. 모든 연령
의 아동들을 이성적이고 자율적이라고 보기 어렵고, 자녀는 부모
의 소유물이라는 전통적인 생각은 아동들이 독자적인 요구를 갖고
있는 존재임을 법적으로 인정받는 것을 어렵게 하였다. 어느 한 인
간이 다른 한 인간에게 정신적으로 '종속'할 수 없다는 것을 인정
하는 데에는 오랜 시간이 걸렸다.

　최근에는 아동이 자신의 연구 참여 여부를 스스로 결정해야 한
다는 의견이 지배적이다. 그렇지만 과연 아동이 몇 살이 되어야만
연구 참여 여부를 자발적으로 결정할 수 있을가에 대한 논란은 여
전히 있다. 이러한 논쟁이 진행되는 가운데 부모와 아동 모두에게
연구조사를 실시해야 한다는 중재적 방법론도 제기되었다.

　8세 이상 아동은 혼자서 동의서를 작성할 수 있으며, 아동이 심
각한 정도의 위험에 빠져있다고 판단될 경우에는 아동만을 대상으
로도 동의서를 받을 수 있어야 한다고 종단연구(Longitudinal Studies
in Child Abuse and Neglect: LONGSCAN)에서는 주장하였다(Runyan,
Curtis, Hunter, Black, Kotch, Bangdiwala, Dubowitz, English, Everson,
& Landsverk, 1998). 미국의 경우 많은 주에서 동의서를 작성할 수
있는 연령을 법으로 규정하고 있다. 미국소아의학회(American
Academy of Pedriatrics)는 7세 정도의 발달수준에 있는 아이들은 동
의서에 명시된 내용을 정확하게 이해하지는 못하더라도 연구 참여

여부를 결정할 수 있는 만큼의 발달적 능력이 있다고 보았다. 국립 캐나다 생명윤리협회(Canadian National Council of Bioethics in Human Research)는 7세에서 14세 사이의 아동들과 그들의 부모한 테 동의서를 작성하도록 한다. 영국의학위원회(British Medical Research Council)는 12세의 발달수준이면 연구조사 내용을 이해하고 동의여부를 표현할 수 있다고 보았다. 7, 8세의 발달수준에 있는 아동들은 연구 참여여부를 말로 하고 12세에서 14세의 발달수준에 있는 아동들은 문서로 된 동의서를 작성하는 것이 합리적이라는 견해도 있다(Dubowitz & Howard, 1997). 아동들이 연구에 참여하는 데 따른 위험이 연령이 증가하면서 언제나 감소한다고 볼 수는 없고, 오히려 매우 복잡한 형태로 발전할 가능성도 있다.

아동학대 연구과정에서 아동의 연령과 관련해서 제기되는 또 다른 윤리적 사안은 학대의 경험을 아동에게 직접 물어봐도 괜찮은 가이다. 학대받은 사실을 아동에게 직접 묻는 것이 어떤 위험이 있지는 않는가? 몇 살 정도의 아동에게 학대 사실을 직접 물어볼 수 있을까? 1990년과 1991년에 아동학대와 방임의 결과에 대한 종단 연구에서 나이 어린 아동에게는 학대사실을 직접 묻지 않고, 아이를 양육하고 있는 부모나 대리인을 통해 확인하였다(Runyan, et al., 1998). 나이가 든 아동한테만 아동학대 사실을 직접 조사하였다. 학대의 경험에 대해 물어 볼 수 있는 나이가 될 때까지 기다려서 연구를 진행하는 경우도 있다(예, Fergusson, Horwood, & Lynskey, 1997). 1994년에 Chapel Hill에서 있었던 학술대회에서 12세 아동은 자신이 과거에 경험한 학대 사실을 말할 수 있는 충분한 나이가 된다고 보고하였다.

아동학대 연구나 조사과정에서 아동학대 혐의를 입증할 수 있는 정보를 찾아내는 것 또한 중요하기 때문에 학대 피해자인 아동에게 학대 사실을 직접 확인하지 못한다는 것은 일종의 모순이다. 따라서 아동학대 사실을 아동에게 직접 확인할 경우 아동이 받게 될 이차적인 손상을 최소화하는 범주 내에서 아동에 대한 학대연구와 조사가 일반적으로 실시되고 있다.

한편, 동의서를 작성하는 과정에서 연구대상자들이 연구 참여를 포기할까봐 연구자들은 걱정한다. 실제로 그러한지는 더 연구해봐야 하겠지만 대체로 동의서를 통해 연구내용을 미리 확인하면 그렇지 않은 경우보다 연구과정에 더 적극적으로 참여할 수도 있다.

(2) 아동학대 연구와 조사대상자의 표집

아동학대 연구, 조사에서 제기되는 정의적 문제는 연구대상자 선발과 관련된 부담이다. 즉, 모든 연구는 연구대상자가 표집의 대표성이 있어야 하는데, 아동학대 연구에서 연구대상자는 위험에 처한 상황에서 표집될 가능성이 있어 표집의 편파 가능성이 높다. 즉, 위험에 처한 가족은 연구, 특히 종단연구의 경우, 어떤 치료적 혜택을 받기 위해 아동학대나 가족 내의 다른 부정적인 상호작용에 대해 과대 보고할 가능성이 높다(Putnam, Liss, & Landsverk, 1996). 반면에 자녀 양육의 위험상황에 처한 가족이 연구대상자로 표집될 가능성도 매우 낮아서 실제로 위험에 처한 아동이 연구에 참여함으로써 얻게 되는 어떤 혜택을 누리지 못하고 오히려 제외될 수 있다(Fisher, 1993). 이런 문제점들을 극복하기 위해 Kotch(2000)는 연구 참여 동의서에 아동학대나 방임과 같은 표현을 사용하지 않았다.

동의서를 작성하는 과정에서 연구자들은 동의서에 아동학대, 방임 등의 용어를 사용해야 하는가를 고민한다. Institutional Review Board(IRB)는 동의서에 아동학대나 방임 등의 용어를 사용하지 못하도록 하였다. 이는 사실상 동의서에는 연구과정에서 다루게 될 모든 내용을 포함해야 한다는 동의서 구성의 기본 원칙에 위배되는 것으로, 실제 위험상황에 처한 많은 아이들이 아동학대 연구와 조사에 참여하지 않을 가능성을 높인다. IRB는 아동학대나 방임 대신에 포괄적인 의미를 표현하는 용어를 사용하여 아동들이 연구에 대해 부정적인 선입관을 갖지 않도록 해야 한다고 강조하였다. 그렇게 함으로써 아동들이 연구과정에 지속적으로 참여할 수 있게 된다는 주장이다.

아동학대와 방임을 경험했다는 공식적인 기록을 남기는 것이 아동의 입장에서는 자신의 어린 시절에 대한 불미스러운 낙인이 될 수 있다(예, Hampton & Newberger, 1985; Lieter, Myers, & Zingraff, 1994). 종단연구를 수행하는 과정에서 연구자들이 학대의 사실을 관계기관에 알리지 않기 때문에 더욱 복잡한 윤리적 문제가 제기된다. 아동학대 조사기관은 아동학대의 발생률을 주로 횡단적 연구방법으로 조사해 왔다(Theodore & Runyan, 1999). 연구과정에서 발견된 학대 사실을 신고할 경우 연구대상자가 연구에 참여하겠다는 동의를 하지 않는다는 우려 때문에 연구자들은 학대 사실을 은폐하는 경우가 있다. 이처럼 편파적인 표집은 학대의 위험과 학대의 유형에 대한 새롭고도 타당한 정보를 제공할 가능성을 감소시킨다.

한편으로 치료적 효과가 전혀 없는 아동학대 연구의 조사과정에 아동이 참여하는 것이 아동에게 별로 도움이 되지 않을 것이라는 주장이 있다. Ramsey(1970)는 아동들이 자발적으로 동의서를 작성

할 수 없기 때문에 이 과정에서 아동이 직접적인 어떤 혜택을 누릴
수 없다고 보고 아동학대 연구에 아동을 참여시키는 것은 비윤리
적인 행위라고 보았다. 아동에게 어떤 이득도 없는데, 비치료적인
과정에 아동을 참여시키는 것은 일종의 '착취'가 될 수 있다는 것
이다. 그러나 National Research Council(1993, NRC)은 아동학대 연
구과정에 참여하는 것이 아동에게 어떤 치료적 효과를 가져다주지
못한다 하더라도 아동을 대상으로 연구를 하지 않고는 아동학대에
대한 정보를 알 수 없고, 이렇게 되면 학대받은 아동이 오히려 아무
런 도움을 받을 수 없는 환경에 처하게 될 수도 있음을 경고하였다.

학대아동을 대신해서 성인들이 아동학대 사실을 진술할 수 있는
것이 아니고, 그렇다고 아동학대 사실은 동물실험을 통해서 파악
할 수도 없으며, 단순히 질문에 답하는 연구방법도 의미가 없다는
데에 아동학대 조사와 연구의 어려움이 있다. 아동을 대상으로 조
사하더라도 성인이 항상 같이 참여하고, 아동들이 임상적 연구대
상이 아니어야 하며, 학대 위험을 과대평가하지 않을 것 등이 아동
학대 연구에서 아동을 참여시킬 때 전제가 되어야 할 조건이다
(Giertz, 1983).

연구에 참여함으로써 얻게 되는 어떤 혜택 때문에 연구에 참여
하는 일이 흔히 있다. 연구에 참여함으로써 국가가 제공하는 서비
스를 받을 수 있으며, 가족이 받게 될 처벌도 면할 수 있다고 기대
하는 가족도 있다. 어떤 형태로든 보상이 뒤따라야 아동학대 연구
에 대한 아동의 참여를 독려할 수 있다. 빈곤가정에서 아동학대가
발생한 경우 이들에게 적은 액수의 돈을 줌으로써 이들이 연구에
참여할 가능성을 높인다. 이러한 방법 또한 표집의 편파가능성을
높인다.

4) 비밀보장의 문제

아동학대 연구를 수행하는 과정에서 비밀보장의 문제는 항상 논란이 된다. 비밀보장에 대한 확신이 있어야 아동과 부모 모두 아동학대 사실을 말하는 데 주저하지 않을 것이다.

아동의 비밀보장을 다룰 때, 부모의 권리와 아동의 권리 사이의 균형이 늘 문제가 된다. 때로 부모들은 자녀들이 무슨 말을 했는지, 연구자들이 자녀에 대해 무엇을 알아내었는지를 알고 싶어 한다. 아동과 같은 사회의 약자들에 대한 비밀보장의 문제가 그동안 폭넓게 논의되어 왔지만(Gustafan & McNamara, 1987; Issacs & Stone, 1999; Kaczmarek, 2000: Ledyard, 1998; Sealander, Schwiebert, Oren, & Weekley, 1999; Welfel, 2002), 비밀이 보장되어야 할 정보를 부모들이 요구할 때 이를 어떻게 다루어야 하는가의 합의된 지침은 아직 없다. 다만 학대 상담과정에서 부모들이 아동에 대한 정보를 요구할 경우, 부모들에게 정보를 제공한 이후에 이들이 어떤 형태로든 긍정적인 피드백을 해 줄 수 있다고 판단될 때만 부모에게 정보를 줄 수 있다는 주장이 있다(Corey, Corey, & Callanan, 1998).

반면에 치료자들의 비밀보장 의무는 아동에 대한 것이지 부모들에 대한 것은 아니기 때문에 부모들에게 정보를 공개해야 한다는 주장도 있다(Myers, 1982). 이와 같은 주장은 아동과 같은 소수의 권리를 침해할 수 있는 것으로 아동들도 성인과 똑같이 보호받을 권리가 있음을 간과한 것이다(Welfel, 2002). 아동이 비밀보장 받을 권리는 법 규정과 사회관습 등에 의해서 자주 묵살된다. 아동의 비밀이 누설되지 않고 보호받을 수 있으려면 법, 윤리적 지침, 그리고 사회적 관습 등의 제약을 뛰어넘어야 하는 경우가 있다. 미국의 경우 비밀 보장이 위협받으면 국립보건원의 연구보호부(Office for Protection from Research Risks of the National Institutes of Health)에 의뢰하여 자신의 정보를 보호할 수 있다. 그러나 이 비밀보장이 사법적으로는 효력이 없다.

원칙적으로 동의서에 작성된 내용은 비밀이 보장되어야 한다. 그리고 아동학대 조사, 연구에 참여하는 모든 사람들은 각기 자기 영역의 조사를 수행하는 과정에서 발견된 사실에 대한 비밀이 보장될 수 있도록 세심한 주의를 기울여야 한다. 동의서를 작성하는 과정에서 연구대상자에 대한 의학적 정보가 노출되었을 경우, 비밀을 보장하기 위해 사회복지사나 간호사가 적절한 조처를 취할 수 있어야 한다. 어떤 경우 연구자들은 동의서 작성과정에서 발견된 자료들의 비밀을 보장할 수 있게 세밀하게 연구조사 방법을 개발해야 한다. Kotch(2000)는 아동을 대상으로 한 조사에서 아동학대를 추정할 수 있는 어떤 단서도 연구과정에 참여하는 사람들이 알아차리지 못하도록 질문지 구성을 정교화하였다. 아동학대와 관련된 질문들을 질문지의 맨 마지막 부분에 배치하고, 연구대상자들이 조사자로부터 동의서를 건네받고 직접 질문을 읽어 내려가면서 선다형으로 구성된 몇 가지 내용의 반응 중에서 해당하는 것에 체크하도록 구성하였다.

연구자들은 비밀을 보장해야 할 윤리적, 법적 책임을 느끼며, 동시에 책임 있는 기관에 연구과정에서 발견된 정보를 제공해야 할 책임 또한 있다. 아동학대 연구는 이에 관련된 사람들의 감정과 이해, 그리고 학대 평가가 서로 다를 수 있기 때문에 이들간의 사례에 대한 논의가 필요하다는 점에서 비밀보장의 예외적 상황이 더 자주 발생할 수 있다. 또한 간혹 아동보호서비스를 하는 사람들이 연

구과정에서 발견된 정보를 알고 싶어 하는 경우도 있다. 이때 연구
자들은 언제, 어느 정도로, 어떤 내용의 정보를 공유해야 하는지를
판단해야 한다. 학대에 대한 정보를 공유해야 하는 상황에서도 비
밀을 보장해야 한다는 점을 유념하며, 학대 아동의 보호를 최우선
으로 고려해야 한다.

조사과정에서 정보가 공유되면, 비밀이 노출될 가능성이 높아
지고, 개인의 사생활 보호가 침해될 소지가 커진다. 정보가 본래 목
적한 바대로 사용되지 않고 다른 용도로 사용될 때는 비밀이 공개
될 가능성이 더 높다. 특히 컴퓨터로 정리된 자료나 자료에 접근할
수 있는 가능성이 높을수록 자료의 비밀보장이 위협받을 소지가
많다. 환자와 의사 간의 비밀보장이 다른 영역에 비해 잘 되는 의료
계도 다른 부서에서 환자의 정보를 필요로 할 때는 정보를 관련자
들간에 공유하되, 반드시 환자의 요구를 만족시키기 위한 목적일
때에 한해서 비밀보장의 예외가 적용된다.

영국의학협회(British Medical Association, 1987)는 의료진들이 아
동학대 사례회의에서 정보를 제공한 사람의 허락이 있을 경우에만
사례판정 위원들에게 아동학대와 관련된 정보를 공개할 수 있다고
규정하고 있다. 정보공개는 전문가들이 더 나은 아동보호 서비스
체계를 구축하고, 아동에게 필요한 서비스를 제공하기 위해서, 아
동과 가족 그리고 전문가의 요구가 있을 때만 가능하다. 그러나 이
경우에도 정보를 개방했을 때의 위험이 최소한이 되도록 해야 한
다. 아동학대와 관련된 영역에 종사하는 사람들은 한 개인이나 한
기관의 보호보다는 언제나 아동의 최선의 이익에 관심을 두어야
한다.

비밀보장의 문제는 아동학대 신고제도와 연결되어 있다. 학대아

동을 발견했을 때 신고해야 하는 제도는 사실상 연구과정에서 발견되는 현재의 위험한 학대 사실에 대한 비밀보장을 어렵게 한다.

부모와 아동 모두 아동학대 사실이 노출되는 것을 꺼릴 수 있고 정보가 노출되는 데 대해 당황할 수 있다. 학대 사실을 입증하기 위해 아동자신이 학대를 설명하면서 정서적으로 불안정해질 우려도 있다(Kotch, 2000). 부모 또한 정서적 어려움을 경험할 수도 있고, 정신적 충격에 휩싸일 수도 있다. 아동학대 조사과정에서 가족의 비밀이 공개됨으로써 심리적인 어려움을 겪을 수도 있다. 얼마나 오랫동안 학대가 계속되어 왔는지, 학대가 지금도 계속되고 있는지, 누가 학대 사실을 알고 있는지, 그리고 연구, 조사과정에서 발생한 일을 누가 알고 있는지 등에 따라 경험하는 심리적 어려움의 양상과 정도는 차이가 있다.

연구과정에서 부모들이 갖게 되는 정서적 안정감도 중요한 변수가 된다. 아동학대가 신고 되면, 부모가 아동을 비난할 수 있고 이는 오히려 아동을 더 큰 위험상황에 빠뜨릴 수 있다. 가족들이 아동보호 서비스를 받지도 못하고 오히려 동정의 대상이 되거나 학대가정이라는 부정적인 낙인이 찍힐 우려가 있다. 어느 상황이든 비밀보장의 수준을 결정하는 데 있어서는 '아동이익 최우선의 원칙'과 '발달수준'이 고려되어야 한다(Gustafson & McNamara, 1987).

5) 연구, 조사과정에서 발견된 아동학대 사실의 신고문제

아동학대 연구자들은 비밀을 보장해야 할 의무가 있으며 동시에 연구와 조사과정에서 알게 된 정보를 해당 부서에 보고해야 한다. 미국의 경우 보건관계자, 교사, 아동관련 종사자들은 아동학대가 의심될 경우 이를 신고해야 할 의무가 있다. 연구하는 과정에서 알게 된 아동학대 사실을 아동보호 기관에 보고해야 하는가의 문제는 아동학대 연구과정에서 나타날 수 있는 또 하나의 중요한 윤리적 갈등이다. 미국 노스케롤라이나 주에서는 연구과정에서 아동학대가 의심될 경우 아이를 아동보호 기관에 신고하도록 규정하고 있다. 아동학대 연구조사과정에서 '현재의 심각한 위험'을 명확하게 밝혀내고, 아동에게 필요한 서비스를 제공할 수 있어야 한다는 주장도 있다.

이와는 상반되게 아동보호기관에 학대 아동을 신고하지 않아야 아동학대나 방임에 대한 연구를 성공적으로 수행할 수 있다는 의견도 있다. 이러한 입장을 취하는 사람들은 아동학대 연구에 개입되는 윤리적 논란을 줄이면서 아동학대를 연구하려면, 아동학대 사실을 연구자의 기록에 남기지 않는 것이 아니라, 아동보호 기관에 아동을 신고하지 않는 것이라고 주장한다. 이들은 아동보호기관에 아동을 신고해야 하는가는 동의서의 성격, 비밀보장에 대한 믿음, 신고했을 경우 부모와 아동에게 미치는 영향, 연구의 본래 목적, 사후서비스 과정의 유무, 아동에게 닥친 위험수준 등을 충분히 고려한 다음에 결정해야 한다고 하였다. 연구과정에서 알게 된 아동학대를 신고했을 때 연구대상 가족이 법적인 위험에 처할 수도 있고, 연구 참여를 포기하게 되거나, 연구대상자들이 부정확한 정보를 제공할 수도 있어 자료가 신뢰할만하지 못하며, 표집이 편파적일 우려도 있다. 이처럼 부정적인 결과가 나타날 가능성이 있기 때문에 연구자들은 아동학대가 발견되어도 신고를 꺼린다.

아동학대 사실을 아동보호 서비스 체계에 보고하는 것이 아동에게 도움이 안 되고, 오히려 아동에게 해가 될 수 있다고 믿는 사람

들에게는 학대사례를 신고하는 것 자체가 아동을 윤리적 딜레마에
빠뜨리는 것이다. 학대를 신고할 의무가 법에 명시되어 있어도 신
고에 따르는 부정적인 결과 때문에 학대 관련 전문가들 중에는 학
대가 의심이 되는 사례를 관련기관에 보고하지 않는 경우가 있다
(Sedlak & Broadhurst, 1996).

　그러나 아동이 학대 상황을 어느 정도 조정할 수 있다고 하더라
도 그 상황을 방치하는 것은 바람직한 것이 아니다. 연구 중 발견한
학대사실을 신고하는 것이 아동에게 해가 될 것이라고 확신할 수
는 없다. 어떤 경우에도 아동을 도와주는 행동이 무엇일지를 확신
하기란 쉽지 않다. 과연 어떤 행동이 윤리적인가, 그리고 아동이 학
대의 위험에 처해있음을 알게 되었을 때 어떤 행동을 취하는 것이
가장 적합할까와 관련된 갈등은 다음과 같은 사항을 고려해서 일
부분 완화될 수 있다.

- 학대의 위험이 어느 정도인가.
- 누군가 아동주변에 도울 수 있는 사람이 있는가.
- 학대 사실이 보고된 적이 있는가.
- 최근에 발생한 학대는 어떻게 해서 일어났는가.
- 신고하는 것이 학대받는 아동을 도울 수 있는 최선의 행동일까.

　연구자들이 학대의 사실을 알 수 있는데도 아동학대 사실을 감
지하지 못하는 척하는 것은 비윤리적인 행동이다. 학대받는 아동
을 신고하는 것이, 그리고 아동들에게 필요한 최적의 서비스를 제
공하려고 노력하는 것이 아동학대 연구자, 조사자 모두에게 윤리
적인 행동이다. 왜냐하면 이것은 더 이상의 아동학대를 예방할 수
있으며 아동학대의 위험을 방치하는 것보다 훨씬 낫기 때문이다.

아동이 극심한 위험에 처해있다고 연구자가 판단하여서 학대 사실을 누가 알고 있으며 학대당한 아동이 어떤 도움을 원하는지와 같은 정보를 모으는 것에서부터 일차적인 개입이 시작된다. 만일 아동이 도움받기를 원한다면 연구자는 이를 추진할 필요가 있다. 아동이 상황을 조정할 수 있다고 하더라도 학대 상황을 그대로 방치하는 것은 바람직하지 않다.

3. 아동학대 연구, 조사에서 아동보호를 위한 방안

아동학대 연구와 조사에서 겪게 되는 도덕적, 윤리적 논쟁은 예상을 훨씬 넘어서 매우 다양하게 나타나고 있다. 그리고 그것은 부모-자녀관계라는 본질적인 가족관계를 다루어야 한다는 측면에서 매우 복잡하게 전개된다. 아동의 고유한 발달적 특성에 대한 사회적인 인식이 있고, 아동을 권리의 주체로서 대우해야 한다는 점이 최근에 강조되고 있기는 해도 '자녀는 부모의 소유물'이라는 전통적 인식을 부모들이 포기하지 않기 때문에 아동학대 연구와 조사 과정에서의 윤리적 논쟁은 더욱 가열된다. 독자적 인격체로서 아동의 개별적 가치를 비교적 중시해온 서구국가들도 부모와 자녀의 관계에 대한 전통적 이해의 틀을 '권리의 주체'라는 아동에 대한 신개념과 어떻게 조화시킬 수 있을까 하는 것을 여전히 고심하고 있다.

따라서 본 논의의 마지막에서 아동학대에 대한 연구와 조사과정에서의 윤리적 쟁점들을 완화시키기 위해서 행동계획을 법제정과 정책 개발, 관련기관과 연구기관의 역할 차원에서 몇 가지 제안하면 다음과 같다.

1) 관련법 제정과 정책개발

(1) 아동학대 연구에서 아동보호에 대한 윤리강령 제정

아동학대의 발견에 일차적인 노력을 해야 하는 현재의 우리 상황에서 아동학대 연구와 조사과정에서 제기되는 윤리적 쟁점을 인식하는 것은 쉬운 일은 아니다. 2000년에 와서야 아동보호체계를 수립한 우리나라에서는 아동을 보호하기 위해 학대받는 아동을 발견하고, 아동학대 사실을 확인하며 학대의 후유증이 치명적일 수 있다는 것을 알리는 데 노력해왔다. 이 과정에서 아동의 권리를 중요하게 고려하거나 부수되는 윤리적 갈등에 관심을 두지 못하였다. 그러나 앞서의 논의에서 아동학대에 대한 연구와 조사과정에서 아동들이 여러 경로를 통해 상당한 정도의 심리적, 정신적인 손상을 경험할 수 있고, 부모의 권리와 아동의 권리간의 첨예한 윤리적 갈등이 내재되어 있음을 확인하였다.

따라서 아동학대 연구와 조사에서 아동보호에 관한 윤리강령이 제정되어야 할 필요가 있다. 연구와 조사과정에서 제기될 수 있는 윤리적 쟁점을 심의하는 부서를 두어서 아동학대연구와 조사의 실시여부를 심의할 수 있어야 한다. 그리고 아동보호 윤리강령에는 연구와 조사대상자의 연령에 따른 조사방법이 개발되어야 하고, 연구와 조사과정에서 나타나는 윤리적 사안들을 어떻게 다루어야 할지 상세하게 규정해야 한다. 예컨대 동의서를 작성하는 연령과 부모가 어느 과정까지 동참해야 하는지, 비밀보장을 준수해야 할 의무 등에 관해서 규정이 필요하다. 수집된 자료는 연구과정에서 어떠한 경우에도 공개되지 않아야 한다는 원칙도 연구윤리 규정에 명시되어야 한다. 그리고 이러한 내용이 아동보호 정책에 반영되어야 한다.

(2) 아동학대 연구에 대한 보호인증제 실시

아동학대 연구에 참여하는 아동과 부모 등에 대한 보호인증제를 실시하는 것도 고려해야 한다. 이것은 아동학대 보호인증이 있어야 아동학대에 대한 연구와 조사를 할 수 있는 자격을 부여하는 것을 말한다. 아동학대 관련 통계자료 내용도 보호의 대상에 포함되어야 한다. 아울러 아동학대 연구 및 조사와 관련된 모든 사람들이, 연구에 참여하는 사람들을 보호하고 자료를 공개하지 않을 것을 서약하며, 이에 관련한 교육을 의무적으로 이수하여 '아동학대 보호인증 자격'을 취득하도록 하는 것이 필요하다.

(3) 아동학대 연구를 위한 기금의 확대

정부는 아동학대 연구를 위한 사회기금을 확보할 수 있어야 한다. 이로써 정부의 주도하에 아동학대 실태조사 등을 정기적으로 실시할 수 있게 되고, 이는 우리나라 아동들이 실제 어떠한 양육환경에서 성장하고 있는지를 평가하는 데 도움이 될 것이다. 그리고 부적절한 양육환경에 노출된 아동들에게 예방차원의 서비스를 제공함으로써 아동비행을 예방할 수 있다. 연구 기금이 확보되면 정부 지원을 받고 수행되는 아동의 복지관련 연구과정에서 노출된 아동학대에 대한 연구도 적극적으로 수행할 수 있다.

2) 아동보호서비스 기관의 역할

아동학대 사례집을 배포해야 한다. 아동학대사례집 배포시 다수 기관이나 사람들에게 배포하는 것은 아동의 비밀보장의 권리를 침해할 소지가 있다. 그러므로 아동학대 사례집을 연구자와 관련기관으로 한정해서 배포하고 있는 외국의 사례를 고려해 볼 필요가 있다. 또한 대학의 아동 관련학과와 관련 아동복지 기관들이 아동을 대상으로 하는 연구에서 개입될 수 있는 윤리적 사안들에 대해 적절히 대처할 수 있도록 하는 적극적인 교육도 필요하다.

3) 연구기관의 역할

아동학대 연구, 조사에 아동이 참여할 수 있는 연령에 관한 연구를 실시해야 한다. 몇 세 아동부터 혼자서 아동학대 연구 참여 동의서를 작성할 수 있으며, 아동학대 사실에 대해 보호자 없이 아동을 조사할 수 있는지 등에 관한 연구가 필요하다. 그리고 연구와 조사 과정에서 부모 등 아동을 양육하고 있는 사람과의 동반 여부가 연구에 어떤 영향을 미치는지를 규명하는 연구를 실시하여 이에 관한 규정을 개발할 수 있어야 한다.

이 외에도 연구 참여 동의서 작성절차와 이에 포함되어야 할 내용에 대한 연구도 필요하다. 부모와 아동에게 사실과 다르게 연구 내용을 알려주거나, 연구내용을 은폐해서는 안 된다. 동의서는 연구목적, 질문의 내용, 연구대상, 그리고 아동의 연령에 따라 다르게 작성되어야 할 필요가 있으므로 다양한 형식의 동의서를 개발하는 것이 좋다.

4. 결 론

아동학대 분야는 윤리적 문제가 따르는 영역이다. 그러나 학대 받는 아동의 연구와 조사에서 발생하는 윤리적 갈등을 해결할 수 있는 지침이 아직 마련되어 있지 않다. 이에 대한 논의 자체가 아동 학대 사실을 밝혀내는 데 관심이 집중된 현재의 우리 상황에서는 다소 생소할 수도 있다.

이제 우리사회도 아동학대를 다룰 때 제기될 수 있는 윤리적 쟁점을 아동보호의 차원에서 다루어야 할 때가 되었다. 아동학대 연구자들이 직면하는 윤리적 딜레마는 연구를 주춤하게 만들기도 한다. 그러나 윤리적, 도덕적 어려움이 있다는 것을 인정하는 것이 심각한 정도의 윤리적 갈등을 당연하게 수용해야 한다는 것을 의미하는 것은 아니다. 아동학대 연구, 조사는 아동에게 위험이 있다고 확신할 때에 가능한 것이다. '연구에서 예상되는 윤리적 위험의 정도'가 크지 않을 때 연구를 지속할 수 있다.

아동학대 연구에서 제기되는 복잡한 윤리적 문제에 대한 논의가 이루어져야 하며, 윤리적 사안을 극복할 수 있는 구체적인 지침을 만들어야 한다. 아울러 아동학대 조사과정에서 파악된 정보의 누설을 방지할 수 있는 아동보호 인증과정도 만들어야 한다. 학대아동을 위한 연구와 보호서비스 과정에서 정작 보호의 대상이 되는 아동의 소리에 귀를 기울이는 경우가 거의 없는 현실은 아동보호에 관한 윤리강령의 제정이 시급함을 나타내주는 것이기도 하다.

참고문헌

Annas, G. I. (1994). Will the real bioethics (commission) please stand up? *Hastings Center Report, 24*(1), 19-21.

British Medical Association. (1987). BMA guidelines for the prevention of child Abuse. *Lancet, 1*(85-42), 1159.

Corey, G., Corey, M. S., & Callanan, P. (1998). *Issues and ethics in the helping profession* (5th ed.). Pacific Grove, CA: Brooks/Cole.

Elliot, E. (1992). Where ethics comes from and what to do about it. *Hasing centre Report, 22*(4), 28-35.

Fergusson, D. M., Horwood, L. J., & Lynskey, M. T. (1997). Childhood sexual abuse, adolescent sexual behaviors and sexual revictimization. *Child Abuse & Neglect, 21*(8), 789-803.

Fisher, C. B. (1993). Integrating science and ethics in research with high-risk children and youth. *Social policy report, Society for Research in Childhood, 53*, 443-446.

Gelles, R. J. (1973). Child abuse as psychopathology: A sociolgical critique and reformulation. *American Journal of Orthopsychiatry, 43*, 611-621.

Giertz, G. (1983). Ethical aspects of paediatric research. *Acta Paediatrica Scandinavica, 72*, 641-650.

Gustafson, K. E., & McNamara, J. R. (1987). Confidentiality with minor clients: issues and guidelines for therapists. Professional Psychology: *Research and Practice, 18*, 503-508.

Hampton, R. L., & Newberger, E. H. (1985). Child abuse incidence and reporting by hospitals: Significance of severity, class, and race. *American Journal of Public Health, 75*, 56-60

Howard, D. (1997). Ethical Issues in Professionals' Response to child Maltreatment. *Child Maltreatment, 2* (4), 348-355.

Isaacs, M. L., & Stone, C. (1999). School counselors and confidentiality: Factors affecting professional choices. *Professional School Counseling, 2*, 258-266.

Jonsen, A. (1991). The ethics of pediatric medicine. In A.P. Martin Rudolph (Ed.), *Rudolph's pediatrics* (19th ed., 7-14) New York: Appleton and Lange.

Kaczmarek, P. (2000). Ethical and legal complexities inherent in professional roles with children and adolescent clients. *Counseling and Human Development, 33* (1), 1-21.

Kotch, J. (2000). Ethical Issues in Longitudinal Child Maltreatment Research, *Journal of Interpersonal Violence, 15* (7), 696-709.

Lawrence, G., & Kurpius, S. E. R. (2000). Legal and ethical issues involved when counseling minors in nonschool settings. *Journal of Counseling and Development, 78*, 130-136.

Ledyard, P. (1998). Counseling minors: Ethical and legal issues. *Counseling and Values, 42*, 171-177.

Lieter, J., Myers, K., & Zingraff, M. T. (1994). Substantiated and unsubstantiated cases of child maltreatment: do their consequences differ? *Social Work Research, 182*, 67-82.

MacDonald, H. (1994). *The Ideology of Family Preservation*. The Public Interest, 115.

Myers, J. E. B. (1982). Legal issues surrounding psychotherapy with minor clients. *Clinical Social Work Journal, 10*, 303-314.

Putnam, F. W., Liss, M. B., & Landsverk, J. (1996). Ethical issues in maltreatment research with children and adolescents. In K.

Hoagwood, P. S. Jensen, & C. B. Fisher (Eds.), Ethical Issues in Mental Health Research with Children (113-132). Mahwah, NJ: Lawrence Erlbaum.

Ramsey, P. (1970). Consent as a canon of loyalty with special reference to children in medical investigation. In P. Ramsey(Ed.), *The Patient as a Person*. New Haven, CT: Yale University Press.

Runyan, D. K. (2000). The Ethical, Legal, and Methodological Implications of Directly. Asking Children about Abuse. *Journal of Interpersonal Violence, 15* (7), 675-681.

Runyan, D. K., Curtis, P. A., Hunter, W. M., Black, M. M., Kotch, J. B., Bangdiwala, S., Dubowitz, H., English, D., Everson, M. D., & Landsverk, J. (1998). LONGSCAN: A Consortium for longitudinal studies of maltreatment and the life course of children. *Agression and Violent Behavior, 3*, 235-245.

Scales, S. (2002). Intergenerational Justice and care in Parenting. *Social Theory and practice, 28*(4), 667-677.

Sealander, K. A., Schwiebert, V. L., Oren, T. A., & Weekley, J. L. (1999). Confidentiality and the law. *Professional School counseling, 3*, 122-127.

Sedlak, A. J., & Broadhurst, D. D. (1996). The third national incidence study of child abuse and neglect. Washington, DC: U.S. Department of Health and Human Services.

Theodore, A. D., & Runyan, D. K. (1999). A medical research agenda for child maltreatment: Negotiating the next steps. *Pediatrics, 104*, 168-177.

Welfel, E. R. (2002). *Ethics in counseling and psychotherapy*. Pacific Grove, CA: Brooks/Cole.

제5장

대중매체와 아동권리

1. 대중매체에서의 아동 윤리규정의 필요성

대중매체에의 노출은 후기 산업사회를 살아가고 있는 누구나에게나 자연스러운 것이다. 요즘 아이들은 태어나면서부터 텔레비전, 비디오, 컴퓨터, 인터넷 등 대중매체의 세계에 거의 그대로 노출되어 있다. 아이들은 스위치만 켜면, 키보드만 누르면 부모의 직접적인 통제 없이 다양한, 심지어 낯선 사람들과도 만날 수 있고, 만화나 비디오 게임에서부터 드라마, 영화에 이르기까지 거의 모든 종류의 정보에 접근할 수 있다.

아동들은 이처럼 대중매체의 일방적인 수용자가 되었다. 특히 텔레비전은 특정 시청자군의 접근을 제한할 수 있는 효과적인 수단이 없고, 광파성, 속보성, 현장성, 동시성 등의 타 매체가 따라오기 어려운, 수용자에 대한 막강한 영향력을 지니고 있다(함상규, 2003).

여기서 텔레비전 프로그램의 사회적 책임에 대한 논의가 시작된다. 텔레비전 프로그램이 아동의 정서, 도덕성발달에 공헌할 것이라는 주장도 있고(World Summit on Television And Children, 1995), 텔레비전을 통해 전달된 내용을 그대로 모방함으로써 나타나는 아동들의 문제행동을 들어 텔레비전의 부정적 영향에 대한 지적도 있다. 텔레비전에서 방영되는 폭력 프로그램이 어떠한 상황적 맥락에서 묘사되는가에 따라 아동의 발달에 상이한 효과를 낳을 수 있다는 주장(Potter, 1999)에도 불구하고, 폭력물에 아동들이 무차별 노출되는 것에 대한 경고가 끊이지 않는다.

방송사의 시청률 경쟁과 대중매체의 상업성으로 인해 폭력과 오락 위주의 프로그램이 황금시간대에 편성, 방영되고 있어 아동을 각종 대중매체의 위험으로부터 무방비 상태로 놔두고 있다는 지적도 있다. 또한 모방범죄에 대한 우려의 소리도 높다. 아동들의 TV 프로그램 모방행동이 빚는 불행을 보기도 한다. 사실 폭력적인 내용을 다루는 텔레비전 프로그램에서 범죄의 50% 가량이 살인을 다루고 있지만 실제 FBI에 의해 보고된 범죄의 0.2%만이 살인이다(Bushman & Huesmann, 2001). 일정시간 이상의 방송시청은 가족생활을 위협할 뿐만 아니라 아동들의 말하기와 쓰기 발달에도 부정적이라는 보고들도 있다.

어떤 경우에는 대중매체에서 아동들이 왜곡돼서 그려지기도 한다. 교육용으로 제작되는 프로그램에서 조차 아동들이 한낱 유희의 대상으로 전락해 있는 경우를 쉽게 볼 수 있으며, 어른 중심의 작위적인 프로그램 진행을 보는 것은 너무 흔히 있는 일이다. 특히 취학전 아동을 위한 교육용 프로그램에서는 우리의 아이들을 지나치게 '어린애' 처럼 행동하게 하거나 '어린애 성' 을 유지하도록 하는 경우도 없지 않다(박성연, 1991).

대중매체가 아동의 보호받을 권리, 참여의 권리를 침해하는 경우는 여기에 그치지 않는다. 아동으로부터 아무런 동의절차를 거치지 않은 채 부모의 묵시적 양해하에 아동을 취재하는 경우도 있다. 장애아나 결손가정의 아동 문제를 다룰 때도 아동의 권리가 무시되거나 소홀히 취급되기는 마찬가지다. 특히 관계 당국의 보도자료나 발표에 의한 기사일 경우 당사자의 입장이나 견해는 반영되지 않는 경우가 대부분이다. 조금만 자세히 들여다보거나 주변 정황을 살피고 아동의 얘기를 들어보면 사건의 전말이 상당히 다를 수 있는데도 발표자 혹은 주위 어른들의 말만 일방적으로 대변함으로써 아동의 권리를 침해하는 일이 발생하고 있다(박성희, 2003). 대중매체에서 아동들은 안전하게 보호받고 있지 못하다. 대중매체에서의 아동권리보호 문제는 사실상 사각지대나 다름없다.

대중매체 특히 방송에서 제작되는 프로그램이 아동권리를 보호할 수 있어야 한다. 아동들은 자신의 발달적 욕구를 충족할 수 있는 문화를 향유하고, 문화활동에 참여할 권리와 표현의 자유를 가지며, 동시에 아동들은 대중매체로부터 절대적 보호대상이어야 한다. 각 프로그램이 아동을 제대로 묘사하고 있는지와 방송내용이 아동에게 적합한가의 여부를 평가해야 할 것이다.

이제 대중매체에서 아동의 권리보호라는 시각에서 방송프로그램을 볼 수 있어야 한다. 대중매체의 상업주의적인 부정적 영향으로부터 이들을 '보호' 해야 한다는 윤리적 맥락에서, 청소년보호법(1997)이나 음반, 비디오물 및 게임물에 관한 법률(2002), 프로그램 등급제(2002) 등이 생겨났다. 방송매체로부터 어린이와 청소년 등을 보호하기 위해 방송윤리지침을 담은 방송규제를 한다. 그러나 방송규제는 기준이 모호하고 상황에 따라 자의적 해석이 얼마든지 가능하다. 경우에 따라서는 표현의 자유가 준수되어야 한다는 방송의 원칙과 상치되기도 한다. 따라서 방송규제는 선언적인 의미가 크다. 미국의 경우 디지털 방송이 생겨난 이후에 출생한 약 6천만 명의 아동들은 이제까지와는 전혀 다른 세상을 경험하고 있다고 판단하고, 많은 시민단체, 교육기관, 정부부처들이 이 새로운 정보전달 수단을 아동들이 유용하게 사용할 수 있는 방안을 개발하는 데 주력하고 있다(Montgomery, 2001).

어떻게 아동을 보호할 수 있는 대중매체 프로그램 제작규정을 마련하고 실행해 나갈 수 있을까? 아동의 최선의 이익에 근거한 아동 보호주의적 관점과 아동참여의 관점에서 방송심의규정을 발달시켜나가는 것이 필요하다.

2. 아동의 대중매체 환경

1) 아동의 대중매체 노출

'초고속 정보망'의 출현으로 급속히 확산된 인터넷 환경은 외부 세계를 가정으로 직접 연결시켜 아동의 직접 경험의 내용과 범위를 다양화, 극대화시켰다. 지리적, 거리상의 제한 없이 모든 아동들은 모든 정보에 노출되어 있다. 아동들은 정보의 획득을 문자에만 의존하던 과거의 환경과는 분명히 다른 세계에 살고 있다.

대중매체의 출현은 아동들의 생활을 변화시켰다. 20세기의 아동
들이 어떤 가정에서 성장하느냐에 따라 아주 다른 경험을 할 수 있
었다면, 오늘날의 아동들은 서로 유사한 경험을 한다. 그림책을 읽
거나 장난감을 갖고 놀이를 하거나, 공원에서 친구들과 놀이하는
등의 전통적인 놀이형태가 상당히 줄었다.

아동은 부모 등 가족들이 TV를 시청하기 때문에 TV를 보게 되는
간접노출(background exposure)과 TV프로그램 자체가 아동들을 위
해 제작되어 아동들이 주로 시청하게 되는 직접노출(foreground
exposure)을 통해서 TV를 접한다(Anderson & Evans, 2001).

그동안 2세 반이 되어야만 정기적으로 텔레비전을 시청하는 것
으로 생각했는 데(Anderson, Alwitt, Lorch & Levin 1979), 근래는 더
어린나이의 아동들이 정기적으로 TV를 보는 것으로 알려졌다
(Anderson & Evans, 2001). 18개월 이하의 영아들도 하루에 거의 1.5
시간 정도 텔레비전을 보고 있다. 미국 가정은 하루 평균 약 6시간
TV시청을 하는데, 이중 아동들은 1일 평균 3시간 이상 TV시청을
하고 있고, 2세에서 18세 사이의 아동 53%가량이 자기 방에 TV를
갖고 있다(Robert, 1999). 2세 이하의 아동은 다른 가족들에 비해서
TV시청시간이 적지만 연령이 증가하면서 점차 증가하고, 12세가
되면 TV시청시간이 최고조에 이른다(Anderson, Lorh, Collins, Field,
& Nathan, 1986). 3세 이상의 아동들은 TV프로그램 내용의 직접적
인 영향을 받는다. TV프로그램이 아동들의 관심을 많이 끌어 성공
적으로 제작되었다는 것은 곧 아주 어린 아동들에게 이 프로그램
들이 미치는 영향이 증가하는 것을 의미한다.

1961년 우리나라에 텔레비전이 처음 도입된 이후 그 보급이 대
중화되면서 거의 모든 사람들이 태어나면서부터 텔레비전을 접하

게 되고, 그 매체를 통해 전달되는 영상이나 정보에도 쉽게 동화한다. 우리나라의 텔레비전 보급대수는 가구당 1.59대로 하루 평균 2시간 26분을 텔레비전을 시청하는 데 보낸다(동아일보, 2003). 1993년의 국민평균 시청시간이 2시간 18분, 1996년에 2시간 42분, 2002년 2시간 32분이었던 것에 비하면 평균 TV시청시간이 약간 줄었음을 알 수 있다. 그러나 주말이 되면 TV시청시간은 토요일 3시간 19분, 일요일 3시간 54분으로 늘어난다. 아동들은 학교에 들어가기 전부터 TV를 보고 배운다. 유아가 성장하여 고등학교를 졸업할 때까지 교실에서 보내는 시간이 11,000시간인 반면, 텔레비전 시청으로 22,000시간을 보내게 된다고 연구자들이 밝힘으로써 유아들의 성장과 발달에 커다란 영향을 미치는 요인 중의 하나로 텔레비전 시청을 들고 있다.

인터넷 전용회선 보유가구는 2000년 현재 19세 미만의 자녀를 둔 전체 가구의 32.9%에 이른다. 3가구당 1대의 컴퓨터를 갖고 있고 18세까지의 아동 84%가 하루 평균 6시간 동안 컴퓨터를 사용하고 있다. 6세에서 9세 아동의 37.4%, 10~14세 아동의 36.8%, 15~19세 아동의 31.1%가 하루 7시간에서 13시간 동안 컴퓨터를 하는 데 시간을 보내는 것이 요즘 아동들이다. 새로운 매체는 아동들의 자기표현의 기회를 확대하고, 다른 사람들과의 교류의 폭을 넓히는 중요한 도구가 되고 있다.

2) 거대한 대중매체, 작은 아이들

대중매체의 출현은 아이들의 발달에 어떤 의미를 가져다줄까? 한 개인의 지각을 변화시키고, 의견, 행동에 막대한 영향을 미치는 방송은 아이들에 대해서도 역시 거대한 힘을 행사한다. 텔레비전 시청은 아동의 성격발달, 성역할 인식, 가족에 대한 태도, 또래와의 관계, 심지어 식습관 등에 이르기까지 아동의 전 영역의 발달에 영향을 미친다.

대중매체로 인해 아동들은 독특한 문화에 놓이게 되며, 이전 세대와 다른 독특한 문화를 창출하기도 한다(Enderson & Evans 2001). 아이들은 경우에 따라서는 아무런 움직임도 없이 텔레비전 화면에 붙어 앉아 방송에서 토해 내는 모든 이미지들을 주입하고 있다. 부모들은 텔레비전에 푹 빠져 있는 아이를 보면서 자기 아이가 마력을 지닌 이미지 상자에 유괴당한 것 같다고 생각한다. 텔레비전을 보는 동안 아이들은 마치 '어떤 말을 해도 아무것도 들리지 않을 것' 같은 태도다. 이런 경우에 부모의 어떤 요구에도 아랑곳하지 않으며, 아이들은 방해받는 것을 원치 않는다. 귀먹은 채로 있을 것이고, 심지어 충돌이 일어날 정도로 반항하기도 한다. 원하는 방송을 보지 못하게 하는 것은 그들의 관심을 해치는 것인 동시에 친구들 세계에서의 소속감을 해치는 것이다. 친구들과 함께 보고 논평하기 위해 친구들과 전화 통화 한다(방송위원회, 1996). 이렇듯 텔레비전은 사회화의 또 다른 형태를 만들어 내고 있다.

아동에 대한 텔레비전의 영향에 대한 논의 중에는 TV프로그램이 교육과 계몽, 훌륭한 여가 수단으로서의 기능을 가지고 있을 뿐만 아니라, 아동들에게 자기나라의 고유한 문화적 경험을 제공해 준다는 긍정적 평가가 있다. 또 TV시청의 긍정적 효과가 반사회적 영향력보다 두 배 정도 강하다는 주장(Hearold, 1986)도 있다. 반면에 대다수의 연구들은 심각한 정도의 위험을 가져다 줄 수 있는 미디어의 악영향과 그로부터 아동을 보호할 필요성을 지적해 왔다.

텔레비전은 아동의 발달상 문제들을 야기할 수 있는 여러 가지 다양한 요소들을 갖고 있다(Turow, 1999; Final Report 3rd World Summit on Media for Children, 2001). 아동들은 대중매체를 통해서 부적합한 정보를 얻을 수도 있고, 공격적인 광고에 노출될 수도 있으며, 심지어 위험한 낯선 사람과 접촉할 수도 있다. 텔레비전은 상업주의와 폭력, 부정적인 태도를 야기하는 주원인으로 여겨져 왔다. TV프로그램은 아동에게 그릇된 가치관을 심어주고, 반사회적 행동을 유도하고, 세계적으로 아동의 심성을 파괴하는 것으로 비난받고 있다.

폭력은 다양한 형태로 텔레비전에 스며들어 있다(방송위원회, 2001). 가브너 등(Garbner et al., 1980)은 1967년 이래 황금 방송시간대와 토요일 오전 어린이 대상 프로그램에서 폭력의 양을 조사한 결과 시간당 4.5에서 6.1개의 폭력행위가 등장한다고 보고했다.

그린버그 등(Greenberg, et al., 1980)의 반사회적 행위의 등장빈도를 조사한 연구는 프라임 타임대 38회의 반사회적 행위를 묘사하고 있는 것으로 보고하였다(안정임 2002).

전체적으로 대략 8,000여 시간의 지상파 및 케이블 텔레비전의 2,693개의 프로그램을 조사한 전미 텔레비전 폭력연구(National Television Violence Study: NTVS, 1996, 1997, 1998)는 조사대상 프로그램의 60%가 폭력적인 내용을 다루었고, 전체 폭력장면의 73%에서 가해자가 처벌받지 않았다.

폭력적 프로그램의 4%만이 반폭력적 주제를 강조하고 있었고, 전체 폭력적 프로그램의 16%만이 심리적, 재정적, 감정적 피해와 같은 폭력의 장기적이고 부정적인 영향을 묘사하고 있을 뿐, 폭력의 부정적 결과가 묘사되지 않는 경우가 대다수였다. 실제로 국내의 연구에도 어린이 만화 프로그램에서 반사회적 행위가 친사회적 행위보다 2배가량 더 많은 것으로 조사되었다(안정임, 2002). 이 같은 폭력의 상존과 영향이 지속적으로 나타나고 있는 것을 미 공중보건국과 교육단체들은 국가적인 공중보건의 위협으로 이해하였다. 그러나 지난 수 십년 동안의 연구와 이에 대한 깊은 관심에도 불구하고 텔레비전 폭력문제를 어떻게 다룰지에 대해서는 지금도 일치된 견해가 없다.

텔레비전 광고는 장난감 등을 포함한 아동들의 다양한 종류의 상품구매에도 영향을 미치고 있다(Kuczynski, 2001). 장난감 광고가 텔레비전에서 방영되면 아이들은 이것을 사달라고 부모를 조른다. 텔레비전 광고는 아동의 식습관에도 영향을 미친다. 음식과 장난감 광고는 아동을 대상으로 한 텔레비전 광고의 주력 내용이다. 미국의 경우 토요일 아침에 방영되는 광고의 2/3가량이 매우 단 시리얼과 같이 '먹는 음식' 과 관련된 광고다.

대중매체가 다루는 내용은 곧 아동의 놀이문화가 되고 이는 다시 아동의 생활문화로 이어지기도 한다. 아동은 상업적인 이득을 위한 대상으로 이용되어서는 안 되며, 아동이 대처하기 어려운 경험에 노출되어서는 안 된다. TV프로그램 제작자들은 아동들 자신의 욕구, 관심사, 흥미, 문화를 반영하여 아동을 위해 특별히 제작된 수준 높은 프로그램을 제공해야 할 책임이 있다(Children Now, 2003). 아동은 아동에게 무엇이 최선인지를 알고 있는 성인들에 의해 TV프로그램의 해로운 영향으로부터 보호받을 수 있어야 한다.

3. 대중매체와 아동권리

1) 유엔 아동권리협약에 비추어 본 '대중매체에서의 아동권리'

1989년에 채택된 유엔 아동권리협약은 아동이 원하는 바를 가장 명료하고 가장 이해하기 쉽게 표현한 국제법이다. 그것은 육체적, 정신적, 사회적으로 각 아동들의 잠재력을 최대한 계발하고, 아동의 의견을 자유롭게 표현하며, 자신의 장래에 영향을 미칠 결정에 참여할 수 있는 모든 아동의 권리를 인정하고 있다. 유엔의 아동권리협약에 의하면 아동들이 대중매체를 통해 정보를 이용할 수 있도록 할 필요성과 대중매체가 아동에게 사회적, 문화적 혜택을 보장할 필요가 있음을 언급하고 있다.

'대중매체, 적합한 정보에 대한 접근법'에서는 '아동이 국내적 및 국제적 정보원으로부터의 정보와 자료, 특히 아동의 사회적, 정신적 도덕적 복지와 신체적, 정신적 건강의 향상을 목적으로 하는

〈표 5-1〉 유엔 아동권리협약

		내 용
아동 권리 협약	제13조	(표현의 자유) 1. 아동은 표현의 자유를 갖는다. 이 권리는 구두, 필기 또는 인쇄 예술의 형태 또는 아동이 선택하는 기타의 매체를 통하여 모든 종류의 정보와 사상을 국경에 관계없이 추구하고 접수하며 전달하는 자유를 포함한다.
	제16조	(사생활, 명예, 신망) 1. 어떠한 아동도 사생활, 가족, 가정 또는 통신에 대하여 자의적이거나 위법적인 간섭을

아동 권리 협약		받지 아니하며 또한 명예나 신망에 대한 위법적인 공격을 받지 아니한다. 2. 아동은 이러한 간섭 또는 비난으로부터 보호를 받을 권리를 갖는다.
	제17조	(대중매체, 적합한 정보에 대한 접근) 당사국은 대중매체가 수행하는 중요한 기능을 인정하며, 아동이 다양한 국내적 및 국제적 정보원으로부터의 정보와 자료, 특히 아동의 사회적, 정신적, 도덕적 복지와 신체적, 정신적 건강의 향상을 목적으로 하는 정보와 자료에 대한 접근권을 가짐을 보장하여야 한다. 이 목적을 위하여 당사국은, 가. 대중매체가 아동에게 사회적, 문화적으로 유익하고 제29조의 정신에 부합되는 정보와 자료를 보급하도록 하여야 한다. 나. 다양한 문화적, 국내적 및 국제적 정보원으로부터의 정보와 자료를 제작, 교환하는데 국제협력을 장려하여야 한다. 다. 아동도서의 제작과 보급을 장려하여야 한다. 라. 대중매체로 하여금 소수집단에 속하거나 원주민인 아동의 언어상의 곤란에 특별한 관심을 기울이도록 장려하여야 한다. 마. 제13조와 제18조의 규정을 유념하며 아동복지에 해로운 정보와 자료로부터 아동을 보호하기 위한 적절한 지침의 개발을 장려하여야 한다.

정보와 자료에 대한 접근권을 보장해 주어야 한다'고 언급하고 있다(이정주, 2003). 또한 아동권리협약은 아동이 자신의 의견을 표현하고, 그들에게 관련된 사안에 대해 의견을 들을 수 있는 권리를 주장하고 있고, 어떠한 아동도 사생활, 명예 등에 대한 감시 또는 간

섭을 받지 않을 권리를 갖는다고 명시하고 있다.

이런 맥락에서 텔레비전은 중요한 의미를 갖는다. 텔레비전과 관련하여 아동의 권리를 강조하는 것은 대중매체의 상업적 수단, 그 이상의 의미를 내포하는 것이다. 텔레비전은 아동의 목소리, 즉 아동의 이야기, 아동의 꿈, 희망 등을 말하고, 그것이 모두에 의해 공유될 수 있도록 보장해 줄 수단으로 여겨져야만 한다. 만일 텔레비전이 이러한 목표를 성취하고자 한다면, 아동 자신의 문화와 언어를 존중해 주고 평등을 신장시키고, 아동의 견해를 표현하며, 아동을 과소평가하거나 얕보지 않는 프로그램을 방송해야 한다(텔레비전과 아동에 대한 세계회의, 1995). 다양하고 질적으로 우수한 프로그램을 시청할 아동의 권리를 보장해 주어야 한다.

아동들은 많은 배려가 필요한 텔레비전의 수용자이다. 텔레비전에서 아동의 권리를 보호할 수 있기 위해서 필요한 지침을 마련해야 한다. 그러나 아동을 보호한다는 것이 아동 자신의 삶에 영향을 미치는 과정에 참여할 수 있는 아동의 능력을 제한할 우려도 있다. 아동을 보호한다는 명목하에 유용하고도 중요한 정보를 아동들이 접하지 못할 수도 있다. 아동들은 다양하고도 질적인 우수한 프로그램을 시청할 권리를 갖고 있다(Final Report 3rd World Summit on Media for Children, 2001). 건전한 오락프로그램, 교육적인 프로그램, 광범위한 예술적 스타일의 형식을 갖춘 프로그램이어야 하고, 아동들의 감성적, 상상적, 지적 능력을 키워주고, 아동의 발달단계에 적합해야 한다. 이들 프로그램들은 아동들의 문화적 다양성을 인식하고 있어야 한다.

아동을 위해 '질이 좋다' 거나 '교육적인' 프로그램이 무엇인가를 정의하는 것은 복잡한 논쟁이 될 수 있는 문제다. 방송 당사자들

은 각기 다른 방식으로 '질'을 정의할 것이며, '교육적'으로 여겨
지는 것도 아동들이 TV로부터 무엇을 배우는가로 정의하는 등 매
우 다양한 요소가 개입될 수 있다. 대부분의 상업방송사들은 자신
들이 제공하고 있는 프로그램이 최고의 질을 갖고 있는 프로그램
이며, 아동들의 욕구를 충족시키는 것을 최우선으로 하고 있다고
주장하고 있다. 그러나 상업방송이 적은 돈으로 많은 편수를 제작
함으로써 질이 떨어지는 경우가 많고, 시청률 경쟁에 관심을 두어
오락성에만 매달린다는 비판이 끊이지 않는다. 새로운 미디어 기
술이 교양과 오락의 경계가 모호한 형태의 프로그램의 제작을 가
능하게 해주지만, 반면에 해로울 수 있는 프로그램에 아동들은 더
쉽게 접근할 수 있다.

따라서 텔레비전 프로그램 제작과정을 통해, 아동의 욕구와 권
리를 실현할 수 있어야 한다. 공영방송은 아동권리를 보호하는 프
로그램을 제작하는 중심역할을 할 수 있다. 영국 BBC는 오랫동안
아동의 발달적 욕구를 충족시키는 교육 프로그램을 제작하는 방송
으로서의 전통을 누려왔다. 어린이국을 별도로 설치하고 예산의
16%를 어린이 프로그램을 위해 사용하고 있다. 영국 정부는 아동
을 위한 프로그램을 제작하고 교육적인 프로그램을 방송하는 것을
방송 사업자 등록을 위한 하나의 조건으로 명시한 방송법을 통해
상업방송을 규제한다. 정부가 아동들에게 질적으로 우수한 방송프
로그램을 제공해 주기를 원한다면, 정부는 아동 프로그램 제작을
위해 지원을 아끼지 말고, 이를 충족할 수 있는 규정을 마련해야
한다.

2) 텔레비전과 아동에 대한 세계회의와 아동권리

1995년 3월 호주의 멜버른에서 제1차 '텔레비전과 어린이에 대한 세계회의(World Summit on Television and Children)가 개최되었다. 이 회의는 호주 어린이 텔레비전 재단(Australian Children's Television Foundation: ACTF)이 제안하여 시작되어, 그 이후 영국, 그리스, 아시아 지역 등에서도 개최되었다. 호주에서 열린 첫 번째 텔레비전과 아동에 대한 세계회의는 어린이 프로그램의 위치를 향상시키고, 급변하는 미디어 환경 속에서 아동들을 보호하기 위해 이와 관련해 제기되는 사안들에 대해서 방송인들의 관심을 이끌어 내고자 하는데 목적을 두었다. 여기에서 아동 텔레비전의 방영원칙을 담은 헌장이 마련되었다. 방송사, 제작사는 물론 아동인권 관련단체들이 참가하였고, 36개국 67개 조직이 영국 BBC 아동 프로그램 팀장인 Anna Home이 제안한 '아동 텔레비전 헌장'을 승인하였다. 이 헌장은 유엔 '아동권리협약'의 법체제와 같은 위치에 있다.

〈표 5-2〉 어린이 텔레비전 헌장

	내용
어린이 텔레비전 헌장 초안	1. 어린이들은 그들을 상업적으로 이용하지 않고 어린이의 특별한 욕구, 관심사, 흥미, 문화를 반영하여 어린이를 위해 특별히 만들어진 우수한 프로그램을 제공받아야 한다. 2. 어린이 프로그램은 어린이들이 시청하기 좋은 시간에 정기적인 시간대를 통해 방송되어야 한다. 3. 어린이 프로그램은 장르와 내용에서 광범위한 것이어

어린이 텔레비전 헌장 초안	야 한다. 4. 어린이 프로그램은 수준 높게 제작되기 위해 필요한 자금을 충분히 지원받아야 한다. 5. 오락을 포함한 어린이 프로그램은 어린이 자신의 문화적 배경 및 더 넓은 세계에 대한 인식을 높일 수 있어야 한다. 6. 방송사와 각 재단은 어린이 방송의 중요성과 취약성을 모두 인식해야 하고, 어린이 방송을 보호하기 위한 조치를 취해야 한다.
기타 토의	• '질(quality)', '이용(exploitation)'과 같은 주요 용어의 더 분명한 정의 • 텔레비전 폭력 문제에 대한 언급 • 미디어교육을 지원할 의무 • 문화적 적합성을 더 강조하고, 언어적 다양성을 인정하는 것 • 국제시장에서 자국의 텔레비전 문호를 보존하고 지원할 필요성에 대해 보다 확실하게 언급하는 것 • 어린이들이 보다 쉽게 텔레비전을 이용할 수 있고 어린이들의 견해가 방송인과 정책 입안자들에게 설명되도록 보장할 책임 • 정보 프로그램의 필요에 대한 언급

출처: 텔레비전과 어린이에 대한 세계 회의 결과보고서(1995).

이 헌장은 강제력을 갖고 있다기보다는 여기에서 제시하고 있는 원칙들을 방송사들의 방송프로그램의 준거가 될 수 있도록 세계 각국의 방송사를 독려하고 있다. 각 국의 방송사와 방송관련 기구들이 방송 제작의 주요 지침을 규정할 때 이 헌장의 내용을 근간으로 하도록 촉구하였다.

2001년 3월에 그리스에서 개최되었던 제3차 미디어와 아동에 대한 세계회의는 보편적인 아동의 미디어의 욕구를 충족시키고 그들의 생각을 반영할 수 있는 프로그램 제작방안을 모색하기 위해서 개최되었다. 이 회의에서는 새로운 미디어의 출현이 아동에게 미치는 막강한 영향력에 대한 논의가 있었고, 아동과 미디어에 대한 논의는 아동들의 발달을 위해 모든 국가가 가장 중요하게 다루어야 할 사안이라는 점을 참가자들이 모두 확인하였다.

4. 대중매체(방송)관련 규정에 나타난 아동권리 보호

1) 프랑스와 영국 대중매체의 아동보호

세계 주요 국가들의 방송정책은 방송에 대해서 매우 엄격한 규제 장치를 하고 있다. 이는 민간분야에서 언론 표현의 자유가 폭넓게 보장되고 있는 미국 정부나 공적부문의 책임과 참여를 강조하는 프랑스, 영국, 독일 등의 경우에도 마찬가지이며, 후진국이라 해서 예외적이지는 않다(함상규, 2003; Kunkel, 2001).

프랑스의 방송규제 임무[1]는 시청각최고위원회(Conseil Sup rieur de l' Audiovisuel: CSA)에서 관장하고 있다. 1989년 1월 창설된 독립된 행정관청인 CSA는 같은 성격의 두 기관, 즉 1982년 7월에 설립된 방송통신고등청(Haute Autorit de la communication audiovisuelle)과 1986년 9월 설립된 통신과 자유에 관한 국가위원회(Commission

---

1) 여기에 실린 내용은 유럽방송규제 중 프랑스 관련 부분의 내용을 중심으로 보충 정리된 것이다.

Nationale de la Communication et des Libert s: CNCL)에 뒤이어 설립되었다. CSA는 대통령, 상원의장, 국회의장에 의해 각각 3명씩 임명된 6년 임기의 위원 9명으로 구성된다.

CSA는 입법부로부터 '어린이와 청소년 보호에 관한 임무'를 부여받았다. CSA는 연간 4만 시간 이상의 방송프로그램을 철저히 감독한다. 이는 CSA가 방송사들과 합의된 방송 관련 정책을 도출해내는데 기여하고, 방송사들이 정해진 규정들을 제대로 지키고 있는지를 평가하도록 돕는다.

아동 시청자를 보호하기 위한 법은 통신의 자유에 관한 법(1986년 제1조 및 제15조), 영화작품 등급분류에 관한 법령(제4조 및 제5조), 광고 및 후원에 관한 법령(1992, 제4조 및 제7조), 공영 및 민영방송국의 방송프로그램 편성에 있어서 아동과 청소년 보호와 관련된 CSA강령(1989년), France 2와 France 3의 임무 및 책임백서(1994년) 등이 있다.

1989년 CSA는 아동 시청자 보호시간대를 6시에서 22시 30분 사이로 규정하였는데, 이 시간 동안에 방송사들은 선정적 혹은 폭력적 성격의 텔레비전 영화나, 극장에서 12세와 16세 미만의 아동에게 관람불가였던 영화를 방송해서는 안 된다. 1991년 CSA는 밤 10시 30분 이후의 12세 미만 관람불가의 영화방영에 관한 절차를 완화하여 밤 10시 이전에 어린 시청자들이 볼 수 있는 영화인지 아닌지를 평가하는 것을 방송사의 권한으로 규정하였다. 그러나 여전히 16세 미만 아동이 관람불가 대상이 되는 영화들은 밤 10시 30분 이전에 편성할 수 없다. 이러한 조치들은 모두 방송사들이 규정된 원칙들을 제대로 지키고 있음을 확인한 이후에 내려졌다. CSA는 학습휴일인 수요일 전날인 화요일 저녁과 방학 중 프로그램 편성

을 가족단위의 시청자에게 맞추도록 방송사들에 권고하였다. 공영
방송인 France 2와 France 3의 책임백서에서는 아동들의 보호시청
시간대를 7시에서 밤 10시 30분으로 정했다.

CSA는 아동들이 텔레비전을 혼자 볼 수 있는 시간과 방학동안에
이들이 폭력적인 프로그램에 노출되지 않아야 한다고 권고한다.
매주 토요일과 일요일 밤 8시 30분 이전에는 16세 미만의 미성년자
관람불가 대상이 되는 영화들을 방영하지 않도록 권고하고 있고,
이들 영화는 수요일 하루종일, 토요일 아침, 일요일 아침에도 방영
될 수 없다. 어린이와 청소년의 정서를 해치기 쉬운 영화 예고편도
같은 시간대에 방영될 수 없다. CSA는 방송사들에게 이와 같은 규
정을 준수할 것과 아동 시청자들에게 충격을 줄 수 있는 프로그램
이 방영될 경우엔 시청자들이 직접 경고할 것을 제안하고 있다. 이
의무조항은 France 2와 France 3의 임무와 관련된 백서에도 수록
되었다.

프랑스 형법 제L 227-24조는, '어떤 수단을 통해서든 또 그 매체
가 무엇이든간에 폭력성, 혹은 음란성 메시지를 제작, 양도, 방송하
는 행위는… 이 메시지를 미성년자가 보고 느낄 수 있는 경우에 3
년의 징역형 및 50만 프랑의 벌금형에 처해진다'고 규정하고 있다.
1992년 제정된 광고 및 후원에 적용되는 법률의 제4조에서는 '광고
에는… 폭력적인 장면이 없어야 한다.'고, 제7조는 '광고는 미성년
자에게 해를 끼쳐서는 안 된다'고 규정하고 있다. France 2와
France 3의 책임백서에는 공영채널들이 '미성년자의 육체적, 정신
적, 도덕적 성장에 해를 끼치기 쉬운 프로그램들, 외설적 장면들을
방송하는 것'을 삼갈 것과, 특히 텔레비전 뉴스에서 '폭력 지상주
의의 광경'을 보여주는 것 역시 삼가야 한다고 규정하고 있다.

영국의 방송 규제기관에는 1972년 창설된 상업방송위원회
(Independant Broadcasting Authority: IBA), 지상파로 방송되거나 케
이블 혹은 위성으로 방송되는 민영 텔레비전들을 관할하는 ITC, 민
영 라디오방송국을 관할하는 라디오위원회(Radio Authority), 방송
법의 제정으로 탄생된 방송기준위원회(Broadcasting Standard
Council: BSC), 방송불만처리위원회(Broadcasting Complaints
Commission : BCC) 등이 있다. ITC와 라디오위원회는 허가 승인, 프
로그램에 대한 법령 제정, 방송사들이 준수해야 할 의무에 대한 감
독 등의 업무를 수행한다. BSC는 방송법에 명시된 바대로 민영 텔
레비전 방송국과 민영 라디오방송국뿐만 아니라 BBC까지 포함한
전체 방송국들 프로그램에 대한 도덕적 규제를 행사하고 있다.
BCC는 사생활 침해문제 및 공영과 민영 텔레비전 방송프로그램이
제공하는 정보들의 정확성과 공정성 문제를 다룬다.

1990년 마련된 방송법(Broadcasting Act)은 영국의 방송동향 전반
에 큰 변화를 가져왔다. 영국의 방송법에는 사실상 어린이와 청소
년 보호에 대한 항목이 그리 많지 않다. 이에 따른 특별한 법칙을
제정하는 일은 BSC와 ITC의 업무이다. BSC와 ITC는 텔레비전 프
로그램에서 폭력과 섹스가 난무하는 것을 자제시키고, '고상함'과
'품위'를 유지하는 행동지침을 개발하여, 이 규정들을 정기적으로
검토한다. ITC와 BSC는 프로그램의 어떤 요인도 품위와 점잖음을
훼손하지 않도록, 범죄를 부추기거나 혼란을 야기하지 않도록, 대
중의 감정에 불쾌감을 주지 않도록 방송프로그램을 감독해야 한
다. 프로그램이 지켜야 할 의무에 관한 영국의 규제체계는 규제기
관과 방송사, 제작자, 시청자 사이의 협의방식으로 이루어진다. 현
재 공영텔레비전에서는 상업광고가 금지되어 있다(방송위원회,

1996).

영국 BBC의 경우에는 프로듀서들에게 구체적인 방송지침을 제시하고 있다. 이 지침에서는 사실 보도를 하는 프로그램에서 조차 자료화면을 사용할 때 우주왕복선 챌린저호의 참사나 베트남 전쟁 때 네이팜탄에 맞는 어린이 등과 같은 고정화된 폭력적 이미지의 사용을 피하도록 권고하고 있다. 드라마에 폭력을 포함시킬 경우에도 가정 내 폭력이나 여성 및 어린이가 희생자로 묘사되는 장면을 피하도록 하는 등 같이 방송규제 기준을 명확하게 제시하고 있다(이정주, 2003).

'현실을 모방한 상황에서의 폭력은 픽션에서의 폭력보다 더 큰 문제이다. 특히 이러한 폭력이 가정을 배경으로 하거나 또는 가족 구성원간에 발생할 때 아동은 당혹감을 느낄 수 있다. 예컨대, 가정에서 부모를 닮은 등장 인물사이에 또는 애완동물에 대해 일어나는 폭력은 아동이 쉽게 따라할 수 있으므로 피해야 한다. 모방의 위험은 아동에게 항상 있고 이의 영향 또한 심각하다.
예컨대 로프 등의 우리 주변에 널려있는 물건의 사용에 대해서는 각별한 주의가 필요하다. 범죄행위가 '범죄하는 방법을 알려주는' 것이 되어서는 안 된다.

(BBC 프로듀서 가이드 라인)

음란출판물법(1990년)에 의거하여, 음란적 요소는 모든 텔레비전과 라디오 프로그램에서 배제되고 있다. BSC의 방송규칙(Code of Practice)에서는 픽션, 다큐멘터리, 뉴스, 오락 등의 각기 다른 장르의 프로그램에서 폭력과 섹스의 표현을 규제하고, 방송프로그램의 품위의 문제를 규정하고 있다. 방송사들이 의무적으로 따라야 한다는 강제성은 없는 이 방송규칙에는 방송사의 사정에 따라 각 규정을 적용, 해석할 수 있는 일반원칙들을 포함하고 있다. ITC는 아동과 청소년들을 폭력뿐만이 아니라 섹스나 누드의 표현, 언어 표현의 저속함이나 비속함, 저질 유머, 어린이들이 쉽게 모방할 수 있는 위험한 태도들, 극도의 슬픔에 빠져있는 장면 등으로부터 보호할 수 있는 규정을 제안한다. 이와 관련된 내용과 법령은 정기적으로 개정된다.

방송사들은 밤 9시 이전에 어린이나 청소년의 감수성을 건드릴 수 있는 프로그램을 방송하지 않는 등과 같은 방송관행을 준수하고 있다. BSC의 방송규칙과 ITC 방송규칙 1장에서는 온가족이 볼 수 있는 프로그램임을 표시하는 가족 시청원칙(Family Viewing Policy)을 명시하고 있다. ITC의 경우, 방송사들은 밤 9시 이전에는 모든 시청자들이 볼 수 있는 프로그램을 편성하도록 하고 있다. 프로그램 예고편 역시 가족 시청원칙에 어긋나서는 안 되며 청소년들의 감수성을 건드릴 수 있는 어떠한 요소도 담고 있지 않아야 한다. 밤 9시에서 10시 30분까지의 시간대에는 일종의 '점진적인 상승' 원칙이 있다. 밤 10시 30분에서 다음날 오전 5시 30분까지 방송사들은 몇 가지 제한들을 준수하면서 '좀더 성인대상'이고, 아동들에게는 적합하지 않아 밤 9시 이전에는 허용할 수 없는 프로그램들을 방송할 수 있다.

화면 해독장치가 필요한 채널들의 경우 아동과 청소년을 위한 방송제한 규정 시간이 각각 오후 8시와 10시로 하향 조정된다. 화면 해독장치가 있다고 해서 이 채널들이 아무 것이나 방송할 수 있는 것은 아니다. 이 채널들은 화면 해독 없이 그냥 시청할 수 있는 여타의 채널들에게 적용되는 것과 동일한 제한들을 준수할 의무가 있다. 아동들이 금요일 저녁과 토요일 저녁, 그리고 방학 동안은 늦게까지 자지 않기 때문에 BSC는 방송사들에게 이 기간에 특별히 주의를 기울일 것을 요구한다. BSC와 ITC는 특별히 충격적인 장면이 나오는 경우, 프로그램의 시간대가 언제이건 간에 방송사가 미리 시청자들에게 이를 예고할 것을 권고하고 있다.

2) 우리나라 방송의 아동보호

(1) 아동보호 관련 방송규정

우리나라의 경우, 2000년에 제정된 방송법(〈표 5-3〉참조)에서 방송규제 내용을 포함하고 있고, 아동보호와 관련한 여러 가지 정책의 방향을 제안하고 있다. 시청률 경쟁으로 불필요한 선정적, 폭력적 장면을 삽입했다는 보고(방송위원회, 2002)는 방송프로그램에 대한 규제가 절실하게 필요함을 보여준다.

방송법에서 아동의 연령범주를 구체적으로 명시하고 있지는 않지만 유엔 아동권리협약에 따라 18세 미만의 자를 통상적으로 대상으로 하고 있고, '청소년 보호법' 등을 고려해서 '방송심의에 관한 규정'과 '방송프로그램의 등급 분류 및 표시 등에 관한 규칙'에서는 19세 미만의 자가 이 규정 적용의 대상이 된다(함상규, 2003).

방송법 제5조에서 '방송은 건전한 가정생활과 아동 및 청소년의 선도에 나쁜 영향을 끼치는 음란, 퇴폐, 또는 폭력을 조장하여서는 안 된다'고, 동법 33조에서는 '아동 및 청소년의 보호와 건전한 인격형성'을 돕기 위해서 방송심의에 관한 규정을 두고 있음을 명시하면서 방송의 공적책임을 강조하고 있다. 이외에도 방송심의 규정 7조와 8조에서도 방송의 공적책임과 공정성, 공공성을 명시하

〈표 5-3〉 아동관련 방송규정

관련법조항	내 용
방송법 제5조	아동 및 청소년의 선도에 나쁜 영향을 끼치는 음란, 퇴폐 또는 폭력을 조장하여서는 안 된다.
방송법 제33조(심의규정)	② 아동 및 청소년의 보호와 건전한 인격형성에 관한 사항, 공중도덕과 사회윤리에 관한 사항을 방송위원회 방송심의의 관한 규정에 포함 ③ 방송사업자는 아동과 청소년을 보호하기 위하여 방송 프로그램이 폭력성 및 음란성 등이 유해 정도, 시청자의 연령 등을 감안하여 방송 프로그램의 등급을 분류하고 이를 방송 중에 표시하여야 한다.
방송심의규정 제7조	방송은 상대적으로 소수이거나 이익주구의 실현에 불리한 집단이나 계층의 이익을 중심하게 반영하여야 한다.
방송심의규정 제8조	지상파 방송은 가족시청 시간대에는 가족구성원 모두의 정서에 적합한 내용을 방송하여야 한다.
방송심의규정 제22조	방송은 범죄사건 관련자의 인격사항 공개를 기하여야 하며 다음의 사항을 공개하여서는 안 된다. ① 피고인, 피의자 또는 피해자가 청소년인 경우 이름, 주소, 얼굴, 기타 본인임을 알 수 있는 내용
방송심의규정 제25조	방송은 인신매매, 유괴, 매매춘, 성폭력, 여성 및 어린이 학대 등 비인간적인 행위를 묘사할 때에는 신중을 기하여 의료과가 나지 않도록 하여야 한다.
방송심의규정	① 방송은 어린이와 청소년들이 좋은 품성을 지니고 건전한 인격을 형성하도록 힘써야 한다.

제44조	② 방송은 어린이와 청소년의 균형있는 성장을 해치는 환경으로부터 그들을 보호하고 어린이와 청소년에게 유익한 환경의 조성을 위하여 노력하여야 한다.
방송심의규정 제45조	① 어린이와 청소년이 모방할 우려가 있는 내용을 다룰 때에는 신중을 기하여야 하며, 그들이 주의를 환기시킬 수 있는 적절한 조치를 사전에 취해야 한다. ② 어린이 및 청소년 보호 시청 시간대에는 시청 대상자의 정서발달과정을 고려하여야 한다.
방송심의규정 제46조	① 방송은 어린이와 청소년을 그 품성과 정서를 해치는 배역에 출연시켜서는 안 된다. ② 방송은 어린이와 청소년을 성인대상 프로그램의 방청인으로 동원하여서는 안 된다. ③ 방송은 어린이와 청소년이 그들이 신분으로서 부적합한 장소에 출연하는 것을 긍정적으로 묘사하여서는 안 된다. ④ 방송은 청소년의 흡연, 음주하는 장면을 묘사하여서는 안 되며, 내용 전개상 불가피한 경우에도 그 표현에 신중을 기하여야 한다.
방송심의규정 제57조	① 어린이를 주 시청 대상으로 하는 방송프로그램이 진행자나 인물주인공 또는 진행주인공을 이용한 방송광고는 당해 프로그램의 광고시간 또는 전후 토막광고시간에 방송하여 어린이에게 방송프로그램과 혼동하게 하여서는 안 된다. ② 어린이를 주 시청 대상으로 하는 방송프로그램의 광고시간 또는 전후 토막광고시간에는 어린이 의약품 광고를 하여서는 안 된다.
방송심의규정 제58조	② 청소년유해매체(영화, 음반, 비디오, 간행물 등을 포함한다)의 광고는 어린이, 청소년을 대상으로 하는 방송프로그램의 광고시간 또는 전후 토막광고시간에 방송하여서는 안 된다.
방송심의규정 제72조	① 청소년의 정서보호와 건전한 인격형성을 저해하는 방송 프로그램에 대해서는 청소년유해매체물로 결정한다(청소년유해매체물 결정 참고요망).

고 있다.

특히 아동과 청소년에 대한 보호를 위해 방송 심의규정 44조는 '방송은 어린이와 청소년들이 좋은 품성을 지니고 건전한 인격을 형성하도록 힘써야 함'과 '어린이와 청소년의 균형있는 성장을 해치는 환경으로부터 그들을 보호하고 어린이와 청소년에게 유익한 환경의 조성을 위해 노력해야 할 것'을 언급하고 있다. 동 규정 45조는 '어린이와 청소년 시청보호시간대에는 시청 대상자의 정서 발달과정을 고려할 것', '어린이와 청소년이 모방할 우려가 있는 내용을 다룰 때는 신중을 기하고, 이들의 주의를 환기시킬 수 있는 적절한 조치를 사전에 취할 것'을 명시하고 있어 아동과 청소년에 대한 배려와 그들에 대한 보호 의무를 제안하고 있다.

방송정책·행정의 최고기구로 방송위원회가 있다. 이 위원회가 전국의 모든 방송에 대한 정책 수립 및 인허가, 감독, 심의·평가, 시청자 보호 등을 다루고 있다. 현재 방송위원회는 방송프로그램에 대한 심의규제와 등급제와 관련된 업무, 방송으로부터 아동들을 보호하기 위한 프로그램 편성에 대한 정책안 제시, 그리고 미디어 교육 활성화를 위하여 시청자단체 등에 대한 재정보조 등의 업무를 수행하고 있다. 방송위원회의 심의를 효율적으로 수행하기 위해 방송법 제34조에 따라 방송위원회 산하에 방송심의위원회를 두고 있다. 1980년까지 방송심의 활동은 1962년에 임의 단체로 발족해, 1963년 법률상의 기관이 된 한국방송윤리위원회가 맡았었다. 1964년 언론윤리위원회법이 통과되면서 방송법의 방송윤리위원회 부분이 삭제되어 다시 임의 단체로 활동하다가, 1973년 방송법 개정으로 법률상의 기관으로 활동하였으며, 1981년 초에 시행된 언론기본법에 따라 방송심의위원회로 개편되었다. 2000년 3월

13일 통합방송이 시행됨에 따라 방송위원회의 소속기관이 되었다.

방송심의위원회의 주요 임무는 방송의 공정성과 공공성이 제대로 지켜지는지를 심의하는 것으로 방송위원회 내에는 다음과 같은 심의 위원회가 있다. 보도 교양 제1, 2심의위원회, 연예오락 제1, 2심의위원회, 상품판매 심의위원회로 구성되어 있다. 제1심의위원회는 지상파 방송프로그램을, 제2심의위원회는 지상파방송 이외의 방송을 심의한다.

제작진들에게는 방송제작 실무지침이 있다. 방송제작 실무지침은 아동과 청소년을 어른과 동등한 인격체로 보고 단지 그들이 어리다는 이유만으로 무시되어서는 안 되며 성인과 마찬가지로 그들의 이해 또한 존중되어야 함을 강조하고 있다. 아동과 인터뷰하기 전에 부모나 법적인 보호자의 동의를 얻어야 하고, 아동과 청소년들은 항시 방송에 노출되어 있고 무비판적으로 방송 내용을 수용하기 쉽기 때문에 각별히 주의해야 한다고도 제안하고 있다. 아동 개인의 신원을 밝히는 것은 지극히 신중해야 하며 되도록 자제하고, 아동과 인터뷰하는 경우 제작자가 원하는 방향으로 유도하여 필요한 말을 이끌어 내지 말 것을 권고하고 있다.

(2) 방송프로그램에 대한 심의

방송위원회의 심의 대상은 지상파, 케이블, 위성, 중계유선 방송, 거리의 전광판 방송 및 방송사가 운영하는 인터넷 방송 등을 통해서 24시간 송출되는 모든 프로그램이다. 방송광고를 제외한 모든 방송내용은 사후심의를 원칙으로 한다. 그러나 매순간 쏟아지는 엄청난 양의 방송프로그램과 심의에 필요한 물적, 인적자원의 제한, 방송심의의 효율성 등의 문제 때문에 사후심의는 주로 매체

영향력이 막강한 지상파 방송과 케이블, 위성방송에 대해서 이루어지고 있다.

공정성과 객관성, 권리침해 금지, 윤리적 수준, 소재 및 표현기법, 어린이·청소년 보호, 방송언어 등을 원칙으로 심의를 거쳐 '주의', '경고', '시청자에 대한 사과', '해당 방송프로그램에 대한 정정', '중지', '방송편성' 책임자 또는 해당 방송프로그램의 관계자에 대한 징계 등의 판정을 한다. 아동보호와 관련해서는 주로 선정성과 폭력성, 인권침해, 아동을 상업적으로 이용하는지 등에 대한 심의를 하고 있다. 2002년 한 해 동안 어린이 청소년 보호 관련 심의규정 위반 사례는 27건이었으나 노골적인 성표현이나, 폭력 및 충격, 불안감, 범죄 및 약물묘사, 불건전하거나 비속한 소재 등의 아동보호와 관련된 내용들의 위반 사례는 총 113건으로 전체의 20%를 상회하고 있다(함상규, 2003).

2002년 2월 1일부터 시행된 방송프로그램 등급제는 아동·청소년에 유해한 영향을 미칠 수 있는 내용, 즉 선정성, 폭력성, 언어 사용의 정도를 기준으로 프로그램의 등급을 연령별로 구분하여 텔레비전 화면에 표시하여 시청지도를 하는 것이다(함상규, 2003). 이는 각 프로그램을 '모든연령 시청가', '7세 이상 시청가', '12세 이상 시청가', '19세 이상 시청가'로 사전에 등급을 분류하여 그에 따른 표시기호를 10분마다 30초 이상한다. 15세 이상 시청가는 방송사가 자율적으로 규정할 수 있다. 방송프로그램 등급제는 아동보호를 위한 방송매체의 가시적인 조처이지만 매체별, 방송사별, 그리고 프로그램별로 등급제 표시에 일관성이 없을 뿐만 아니라 오락 프로그램이나 사건 재연 프로그램에는 적용이 안 됨으로써 아직 연령등급제에 대한 신뢰감이 낮다는 평가가 있다(이정희, 2003). 아울러 프로그램 등급제는 오히려 아동을 보호하기 보다는 아동들을 TV로 유인하는 결과를 낳는다(Herman & Layenes, 1977: Hamilton, 1987: 방송위원회 2002)는 우려도 있다. 부모들에 대해 프로그램에 대한 사전 시청지도를 통하여 아동들을 유해한 방송프로그램으로 부터 보호할 수 있는 등급제 본래의 취지를 살릴 수 있는 노력이 필요하다.

(3) 방송광고에 대한 심의

방송광고 심의는 광고의 즉시적, 반복적 영향을 고려하여 사전 심의 형태로 방송위원회의 위탁을 받은 민간기구인 방송광고자율 심의기구가 심의업무를 담당하고 있다. 방송광고심의에 관한 규정 은 발달과정에 있는 아동들에게 미치는 방송매체의 막강한 영향력 에서 아동을 적극적으로 보호하기 위해 일반 방송프로그램의 방송 심의규정보다 비교적 엄격하면서 구체적으로 진술하고 있다.

광고편성 시간의 제약을 두는 등 방송광고에 대한 규정을 상세 하게 하고 있지만, 방송광고를 접하는 일반 시청자, 시민단체들은 방송광고규정이 얼마나 실효성 있게 적용되고 있는지에 대해 의문 을 갖게 하는 상당수의 광고가 방영되고 있다고 비판한다.

방송광고규정을 제외하면 방송심의는 사후심의만 하도록 되어 있어 제작된 모든 프로그램은 일단 모두 방송된다. 아무리 아동보 호를 위한 규정을 방송심의 규정에서 명시하고 있다 하더라도 이 를 사전에 점검할 장치가 전혀 없다. 방송심의 규정의 대부분이 방 송법과 크게 다르지 않고 원칙적이고 선언적인 내용이다. 대부분 의 규정들은 '적절한 조치', '윤리기준에 적합한 내용', '지속적인 관심을 갖도록', '전문성을 고려하도록' 등과 같이 비구체적이고 추상적으로 내용을 규정하고 있다.

　방송심의에 대한 애매한 규정과 더불어서 방송심의를 하는 데 심의기준, 내용 등에 대해 심의위원들간에 상당히 다양한 가치가 개

〈표 5-4〉 방송광고 심의에 관한 규정

방송광고 심의규정 제24조	① 방송광고는 어린이 및 청소년의 품성과 정서, 가치관을 해치는 표현을 하여서는 아니된다. ② 방송광고는 어린이 보호를 위하여 다음의 표현을 하여서는 아니된다. 　i. 어린이가 상품과 관련된 상업문이나 광고노래, 또는 제품의 특징을 전달하는 표현 　ii. 상품의 소유로 어린이의 능력이나 행동이 변할 것이라는 표현 　iii. 상품을 소유하지 못하면 열등감을 갖거나 조롱의 대상이 된다는 표현 　iv. 상품을 구입하도록 어린이를 충동하거나 부모 등에게 상품구매를 요구하도록 자극하는 표현 　v. 어린이의 사행심을 조장하는 표현 　vi. 어린이를 위험한 장소에 있게 하거나 위험한 행동을 취하게 하는 표현 　vii. 어린이의 건전한 식생활을 저해하는 표현 ③ 장난감, 게임기, 및 기타 어린이들의 관심을 끄는 상품에 대한 방송광고는 어린이의 판단과 경험을 고려하여 다음의 표현을 하여서는 아니된다. 　i. 상품의 크기와 비례를 실제 이상으로 보이게 하는 표현 　ii. 장난감이 기계적으로 움직이는지, 수동적으로 움직이는지 분명하지 않은 표현 　iii. 장난감과 실제 물건이 혼동될 수 있는 소리나 표현

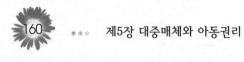

방송광고 심의규정 제57조 (어린이 대상 방송광고의 제한)	① 어린이를 주 시청 대상으로 하는 방송프로그램의 진행자나 인물 주인공 또는 만화 주인공을 이용한 방송광고는 당해 프로그램의 광고시간 또는 전후 토막광고시간에 방송하여 어린이에게 방송프로그램과 혼동하게 하여서는 아니된다. ② 어린이를 주 시청 대상으로 하는 방송프로그램의 광고시간 또는 전후 토막 광고시간에는 어린이 의약품의 광고를 하여서는 아니된다.
방송광고 심의규정 제58조 (방송광고 시간의 제한)	① 방송광고심의에 관한 규정에 의해 방송광고가 허용된 주류라 할지라도 다음 각호의 시간에는 방송광고를 할 수 없다. ⅰ. 텔레비전 방송광고 : 07:00-22:00 ⅱ. 라디오 방송광고 : 17:00-익일 08:00 다만, 08:00-17:00의 시간대라도 어린이·청소년을 대상으로 하는 방송프로그램 전후에는 방송광고를 할 수 없다. ② 청소년 유해매체물(음반, 비디오, 간행물 등을 포함한다)의 광고는 어린이·청소년을 대상으로 하는 방송프로그램의 광고시간 또는 전후토막시간에 방송하여서는 아니된다.

입될 수 있어 사회적으로 용납되는 심의기준을 일괄적으로 적용하기가 쉽지 않다. 이를 테면 '심의과정에서 예측되는 부정적 결과와 사행심이 조장되지 않으며 품성과 정서를 해치지 않아야 하고 부적합한 장소 출입이 긍정적으로 묘사되지 않도록 해야 한다' 등의 심의규정을 적용할 경우 이에 대한 심의위원들의 합일된 견해를 이끌어내는 것은 사실상 쉽지 않다. 방송심의를 효과적으로 할 수 있기 위해서는 보다 발전된 제도적 장치를 마련해야 할 것이다.

5. 대중매체에서 아동보호의 확대

대중매체에서 아동권리 보호를 위한 조치는 방송관련 규정에서 살펴본 바와 같이 매우 취약하다. 2003년 3월과 4월 두 달 동안 방송된 TV프로그램 및 광고, 인터넷 방송자료 등을 모니터한 결과를 중심으로 분석한 자료에서 우리의 방송프로그램은, 아동들을 참상과 충격장면에 노출시키고, 일상적인 아동 학대 또는 폭력묘사가 일반화되어 있으며 상업적 마케팅 전략에 아동이 이용되고 있고, 아동이 웃음의 도구로 전락된 경우도 있었다. 게다가 아동출연자들에게 부적절한 배역이 주어지고, 어른이 시키는 대로 움직이는 수동적인 존재로 아동을 묘사하고 있었다(이정주, 2003). 또한 방송매체들의 아동보호에 대한 소극적 자세에 대한 문제를 제기하였다. 아동학대 사건을 보도하는 과정에서 사건의 진상보다는 참혹한 학대장면이 반복적으로 보도되고, 드라마 속에서 부모가 자식을 때리거나 아이를 무시하는 언어를 마구잡이로 사용하는 행위를 자주 볼 수 있다. 아동 출연 프로그램에서 프로그램 중간 중간에 아이들의 의도가 아닌 어른의 생각대로 넣은 자막을 남발하기도 한다.

이와 같은 상황은 방송심의 규정의 실효성에 의문을 갖게 한다. 다른 서구 국가들에 비해서 심의규정이 지나치게 포괄적인 현 상황에서 심의규정 위반 여부를 판가름하는 것이 쉽지 않다. 심의규정을 어겼다하더라도 '방송편성 책임자 또는 해당관계자에 대한 징계'가 중징계 조치에 해당할 뿐 그 이상의 마땅한 처벌규정도 없다. 실제 방송프로그램 제작규정이 있어도 시청률을 높이기 위해

서 불필요한 폭력장면을 삽입한다는 제작진들의 고백은 방송심의
규정의 무능함을 단적으로 보여주고 있다.

　방송이 아동들에게 교육적 가치를 가지며, 훌륭한 가족 여가수
단으로서의 기능을 할 수 있기 위해서는 방송프로그램 제작여건의
향상을 꾀할 수 있는 지속적인 투자와 노력이 필요할 뿐만 아니라
시청률 경쟁이라는 방송매체의 본질적인 특성을 넘어서 아동에게
적합한 프로그램을 제작할 수 있는 제도를 구체적으로 마련해야
한다. 언제나 시청률 경쟁에 쫓기는 제작자들의 아동보호에 대한
관심 및 의식에 의존해서 대중매체에서의 아동권리를 향상시키려
는 것은 무리가 있다.

1) 아동보호 관련 규정의 확대 및 강화

　아동을 보호하기 위한 규정들이 방송법과 방송심의규정, 방송광
고심의규정에 포함되어 있을지라도 이 규정들이 효과적으로 기능
하지 못하고 있다. 심의규정들이 지나치게 선언적이고 애매하며
포괄적이라서 심의규정에 해당하는 프로그램을 찾아내는 것은 심
의과정에서 다양한 가치들이 표출될 수 있는 상황을 감안한다면,
그리 용이한 것은 아니다. 방송심의 과정에서 제작자와 방송사 간
의 이견이 있을 수 있고, 심의위원들간에도 서로 다른 관점에서 프
로그램을 평가할 수 있다. 더구나 심의규정의 대부분의 내용은 제
작자들에게 아동보호를 위한 프로그램 제작을 권장하는 차원에 머
물고 있다.

　미국의 경우는 '아동텔레비전 법' 을 제정하였고, 영국과 프랑스
등에서는 아동보호를 위해 텔레비전 프로그램 방영시간대를 제한

하는 등의 구체적이면서도 강제적 조처를 갖고 있다. 영국 BBC의 경우는 전체 방송사 예산의 일정비율과 일정 방송시간을 아동을 위한 프로그램에 할당한다. 이런 경우에서 볼 수 있듯이 독자적인 방송법 제정을 추진하거나, 아동보호를 위한 방송심의 규정을 강화할 수 있는 방법에 대한 적극적인 논의를 시작해야 한다.

우선 어린이 시청 보호시간대를 규정해야 한다. 이러한 조처들은 아동들을 방송프로그램의 해악으로부터 보호할 수 있을 뿐만 아니라, 아동 프로그램에 대한 방송사의 관심을 촉발하여 아동 프로그램 전문제작자가 집중적으로 아동 프로그램 제작활동을 할 수 있는 상황을 마련해 줄 수 있을 것이다.

공중파의 경우 어린이 프로그램 및 청소년 프로그램이 과거 2, 3년 사이 편성 시간이 현저히 줄었고, 아동들의 시청시간이 높은 일요일 오전에 아동들을 위한 프로그램이 편성되지 않고 있는 현실은 방송을 통해 필요한 정보를 얻을 수 있어야 하는 아동의 발달과 생존권 보호에 방송사가 무관심함을 나타낸다. MBC의 경우, 전체 방송시간 대비 어린이, 청소년 프로그램 방송시간이 1999년 가을 8.1%에서 2002년 여름에는 3.6%로 줄었으며, KBS2의 경우에도 17.1%에서 8.6%로 현격히 줄어들었다(이정주, 2003). 아동들은 방송에서 점점 소외되고 성인 프로그램에 익숙해지고 있으며 이들은 또한 스스로 아동 대상 프로그램들을 외면하게 된다. 어린이 방송시간대가 단순히 일반 시청시간대의 들러리가 되거나 이들 프로그램으로 인해 밀려나서는 안 된다.

방송심의규정에 프로그램 편성 시간이나 아동 프로그램 편성 비율, 아동방송 제작자들의 책임 등을 구체적으로 명시하여야 하고, 프로그램을 평가하고 아동에게 해로운 방송프로그램을 여과할 수 있는 체계를 개발해야 한다. 이로써 아동보호를 위한 방송의 역할을 확대할 수 있어야 한다.

2) 방송프로그램 등급제도 운영의 보완

영화, 수입드라마, 뮤직비디오, 드라마에 대해서는 현재 TV프로그램의 등급분류 대상으로 지정하고 있다. 가요, 코미디, 연예·오락프로그램 등 아동의 시청률이 높고 이들에게 막강한 영향력을 행사할 수 있는 이들 프로그램들은 등급 분류대상에 포함되지 않는다. 프로그램에 대한 등급제가 확산되어야 하며, 등급의 수위를 결정하는 책무를 독립적으로 맡아서 할 수 있는 기구를 마련해야 한다. 이런 책무를 맡아할 수 있는 기구를 방송심의위원회 산하에 두거나 각 방송사가 독립적인 활동을 보장하는 독자적인 등급심사 기구를 구성할 수 있을 것이다.

3) 미디어 교육의 확대: 조심스럽게 보고, 비평적으로 생각하기

유럽 각국과 아시아 일부 국가들에서는 대중매체에 무방비로 노출되어 있는 아동들을 보호하기 위해 대중매체의 선택과 방영프로그램에 관한 구체적 정보 등을 제공하는 미디어 교육을 최근 확대하고 있다. 프랑스는 방송규제 기관인 CSA에서 아동보호를 위한 정책을 개발하고 있다.

미디어 교육은 모든 시청자들에게 방송프로그램에 대한 정보를 제공하여 자율적으로 프로그램을 선택할 수 있는 역량을 부여할 수 있기 위한 것이다(Krucsay, 1999). TV시청요령을 담은 강령을 발표하기도 하고, 프로그램 선택요령을 구체적으로 훈련하기도 한다. 이를 통해 미디어의 사회적 책임론을 강조하고 미디어 선택의 중요성와 아동에게 미치는 발달적 의미를 부각시킨다. 각 방송사는 프로그램 등급을 표시하는 것으로 자신들의 아동보호를 위한 임무를 한정짓지 말고, 아동 시청지도를 위한 유용한 정보를 프로그램의 예고 시간 등을 통해 제공할 수 있어야 한다. 어린이 만화영화의 예고방송에도 등급고지 규정을 반드시 지켜 시청자에게 프로그램 선택을 위한 정보를 미리 제공할 수 있어야 한다. 부모, 아동 모두 미디어 교육을 통해 얻어야 하는 정보의 내용이 무엇이어야 하는지에 대한 이해를 높이고, 방영되고 있는 프로그램을 체계적으로 모니터링 할 수 있도록 도와야 한다.

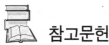

참고문헌

방송위원회(1996). 불어권 청소년(12-17세)의 TV시청행태.

방송위원회(1996). 유럽6개국의 방송규제 현황(R glementation et r gulation audiovisuell Europe).

방송위원회(2001). 어린이·청소년대상 폭력 오락물 마케팅분석 II. 방송조사자료, 2001-2.

안정임(2002). 텔레비전 만화프로그램의 친사회적, 반사회적 행위유형과 맥락요인에 관한 연구. 방송연구, 겨울호, 195-227.

이정주(2003). 대중매체와 아동권리. 한국아동권리학회 2003년도 춘계학술대회
    자료집, 41-63.

함상규(2003). 아동 연구에 있어서의 윤리적, 법적기준. 한국아동권리학회
    2003년도 춘계학술 대회자료집, 93-127.

청소년보호법(1997).

음반 · 비디오물 및 게임물에 관한 법률(2002).

프로그램 등급제(2002).

텔레비전과 어린이에 대한 세계 회의 결과보고서(1995).

Anderson, D. R., & Evans, M. K. (2001). Peril and Potential of Media
    for Infants and Toddler. 10-16, Zero to Three,
    October/Nevember.

Australian Children' s Television Foundation (1995). Final Report 1st
    World Summit on Television And Children.

Anderson, D. R., Alwitt, L. F., Lorch, E. P., & Levin, S. R. (1979).
    Watching Children watch Television. In G. Hale and M. Lewis
    (Eds.), *Attention and cognitive development*. New York:
    Plenum.

Anderson, D. R., Lorh, E. P., Collins, P. A., Field, D. E., & Nathan, G.
    (1986). The effect of television program comprehensivility on
    preschool children' s visual attention to television to television,
    Child Development, 52, 151-157.

Bushman, B. J., & Husemann, L. R. (2001). Effects of Television
    vilolce on aggression. In D. Singer & J, Singer (Eds.).
    Handbook of Children and Media. Thousand Oaks, CA : Sage

Children Now (2003). *Big Media, Little Kids: Media Consolidation &
    Children' s Television Programming*.

Garbner, G. A., Gross, L., Signorielli, N., Morgan, M., & Jackson-Beek,
    M. (1980). The demonstration of power: violence profile No.

10. *Journal of Communication, 29*, 101-130.

Greenberg, B., Edison, N., Korzenny, F., Fernanez-Collado, C., & Atkin, C. (1980). Antisocial and prosocial behaviors on television. In *Life on Television*. Norwood, NJ: Ablex Pub. Corp.

Hammilton, J. (1998). *Channeling Violence: The economic market for vilent television programming*. Prineton, NJ: Princeton University Press.

Hearold, S. (1986). A Synthesis of 1043 effects of television on social behavior. In G. Comstock (Ed.). *Public Communition and Behavior,* Vol. 1, pp. 65-133. New York: Academic Press.

Krucsay, W. (1999). International and Regional Declarations and Resolutions - Children and Media. In *Educating for the Media and The Digital Age*.

Kunkel, D., & Wilcox, B. (2001). Children and Media Policy. In D. Singer & J. Singer (Eds.). *Handbook of Children and Media*. Thousand Oaks, CA : Sage.

Montgomery, K. (2001). Digital Kids- The New On-Line Children's Consumer Culture. In D. Singer & J Singer (Eds.). *Handbook of Children and Media*. Thousand Oaks, CA : Sage.

National Cable Television Association (1996). *National Television Violence Study* (vol.1), Thousand Oaks, CA: Sage.

National Cable Television Association (1997). *National Television Violence Study* (vol.2), Studio City, CA: Mediascope.

National Cable Television Association (1998). *National Television Violence Study* (vol.3), Santa Barbara: University of California, Santa Barbara, Center for Communition and Social Policy.

Potter, J. (1999). *On Media Vilonce*. Thousand Oaks, CA: Sage.

http://www.3rd-ws.org/freport.htm

http://www.nordicom.gu.se/unesco

제6장

외국의 기준과 정책 및 제도

1. 서 론

서구사회에서는 나치가 인간을 대상으로 시행한 실험이 윤리적이었는지를 판단하기 위한 뉴렌버그 코드(Nuremberg Code)를 제정한 이래, 아동은 물론 인간을 대상으로 하는 연구에서 연구대상자를 보호하기 위한 제도를 마련하였다. 이 규정을 시작으로 하여 유사한 규정들이 제정되었고 대표적인 것은 1964년 세계의학협회가 채택한 헬싱키 선언이다(제1장 참조).

미국의 경우 1974년 연구 대상으로서 인간을 보호할 수 있는 규정이 처음으로 효력을 발휘하게 되었다. 이러한 규정들은 '건강, 교육 및 복지부(Dept. of Health, Education, and Welfare: DHEW)에서 선포되었고, 인간을 대상으로 하는 연구를 심의하는 기구인 규정심의위원회(Institutional Review Board: IRB)가 설립되었다. 같은 해에 생명의학과 행동과학 분야 연구를 총괄하여 연구대상자를 보호하기 위한 국가위원회(National Commission for the Protection of Human Subjects of Biomedical and Behavioral Research)가 설립되어 연구자의 윤리강령인 벨몬트 보고서를 발표하였다. 1981년 건강 및 대인 서비스부(Dept. of Health and Human Services: DHHS, DHEW)와 식품 의약청(Food and Drug Administration: FDA)은 인간 대상 연구 규정의 대폭적인 수정을 선포하였다. 그러나 이러한 수정은 30년 동안 진행되어 왔던 IRB의 일반적 원칙을 변경하는 것이 아니라 IRB가 기대하는 것과 규정을 따르는데 필요한 부분을 상세하게 하기 위하여 이루어졌다. 따라서 이 규정은 앞으로도 변화할 가능성을 시사하고 있다. IRB는 아동을 포함한 인간을 대상으로 하는 연구에서 연구대상자 보호에 대한 윤리적 규정의 토대가 되고 있다.

이처럼 연구대상자의 권리를 보호하기 위한 정부와 학자들의 노력은 미국의 경우 정부기구와 연구기관 및 대학으로 연계되어 법적으로 연구계획의 심의과정을 의무화하고 있는 수준까지 진전되었다. 더 나아가 의학과 생물학 및 인간을 다루는 행동과학 분야의 학회에서는 연구대상자의 권익을 보호하기 위한 연구자 윤리지침 가이드북을 마련하고 있다. 예컨대 미국의 심리학회, 아동학회, 인류학회, 교육학회 등은 연구자가 인간을 대상으로 연구를 수행할 때 지켜야 할 윤리기준을 독자적으로 제안하고 있다.

아동을 대상으로 하는 연구의 지침은 지금까지도 인간 대상 연구의 윤리지침에 준하고 있다. 연구의 지침은 특별히 아동이기 때문에 고유하게 보호되고 강조되어야 할 규정이나 제도에 대하여서는 비교적 관심이 적었다. 그 결과 일반 연구의 윤리지침이나 규정에 별도의 아동 관련 규정들이 첨가되고 있는 정도다.

　이 장에서는 아동을 대상으로 하는 연구에서 지켜야 할 윤리적 · 법적 기준과 관련 절차 및 제도에 대해 알아보는데 그 목적이 있다. 구체적으로 정부기구에 의한 규제기준, 전문단체의 윤리기준, 대학의 관리기준 및 연구 윤리 교육, 학회의 윤리강령 등을 중심으로 살펴보기로 한다. 이를 위해 연구 참여자의 권익을 보호하기 위한 규정, 심의제도 및 절차, 관리기관 및 체계 등에 대한 각종 정보는 인터넷에서 수집되고 분석되었다.

2. 아동 연구를 위한 윤리적 · 법적 기준과 정책 현황

1) 정부기구 규제 기준

(1) 미국

　미국의 경우 연구대상자로서 인간을 보호하기 위한 체계는 1981년부터 미국 보건후생성(Dept. of Health and Human Services: DHHS)[1]의 한 하부조직인 인간연구보호국(Office for Human Research Protections: OHRP)[2]에서 총괄하고 있다(Office for Human Research Protections, 2003). OHRP는 연구대상으로서 인간을 보호하는 일을 담당하며 DHHS 45 CFR 46(Title 45 Part 46 of the Code of Federal Regulation)[3] 규정 프로그램을 수행하는 주도적 역할을 한다.[4] OHRP는 규정심의위원회(IRB) 등록을 관장하고 있다. IRB는 미국 내 모든

정부기구 및 대학 등의 기관에서 자체적으로 구성되고 있다.

　IRB에서는 제출된 연구계획서를 45 CFR 46 규정법이라는 연방 기준에 따라 심의하여 해당 연구계획서가 연구대상자인 인간의 권익을 보호하고 있는지를 점검하고 연구의 진행여부를 승인[5]한다. 이러한 미국 정부 기구의 규제절차를 그림으로 나타내면 [그림 6-1]과 같다. 연방 정부 규정인 45 CFR 46 규정법과 이 규정을 적용하는 IRB로 나누어 그 내용과 역할을 구체적으로 설명하고자 한다.

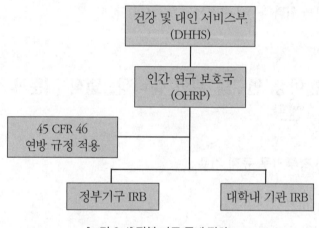

[그림 6-1] 정부 기구 규제 절차

---

1) http://directory.psc.gov에 DHHS의 하위 기구가 소개되어 있고 이중 Office of the Secretary 산하에 '공공 건강 및 과학국(Office of Public Health and Science: OPHS)'이 있고 다시 이 산하에 '인간 연구 보호국(Office for Human Research Protections: OHRP)'이 있다.
2) http://www.hhs.gov/ohrp
3) http://www.hhs.gov/ohrp의 메뉴 좌측 '규정(Regulations)'을 클릭하면 45 CFR 46 규정 전문(全文)을 볼 수 있다.
4) www.hhs.gov/ohrp/about
5) IRB Guidebook은 http://www.hhs.gov/ohrp/irb/irb_guidebook.htm에 제시되어 있다.

① 연방 기준: 45 CFR 46 규정법

45 CFR 46(Title 45 Part 46 of the Code of Federal Regulations) 규정법은 1981년에 마련되었으며 1983년과 1991년, 2001년에 각각 개정되었다. 이후 다양한 취약 계층을 위한 추가 보호규정이 만들어졌다. 1975년에는 임신한 여성, 태아 등을 위한 보호기준이, 1978년에는 죄수를 위한 보호기준이, 1983년에는 아동을 위한 보호기준이 각각 추가로 만들어졌다. 아동을 위한 보호기준은 하위규정(Subpart) D에 나와있고, 그 내용은 1991년에 개정되었다(Department of Health and Human Services, 2001). 45 CFR 46 규정법의 목차는 〈표 6-1〉에 제시되어 있다.

연구대상자로서 인간에 대한 보호를 규정해 놓은 하위규정(Subpart) A를 좀 더 구체적으로 살펴보면 다음과 같다. 구체적인 내용은 46.101조항부터 46.124조항에 걸쳐 담겨 있다. 101조항에 따르면 이 정책은 연방 부처나 기구에 의해 수행되거나, 지원을 받거나, 그리고 규정에 따라야 하는 인간을 대상으로 하는 모든 연구에 적용된다.

102조항에서는 이 규정에서 사용하고 있는 용어들 예를 들어 부처, 기구 혹은 연구, 인간 대상, IRB, 최소한의 위험 등을 개념화하고 있다. 예를 들어, 연구라 함은 일반화할 수 있는 지식을 개발하거나 기여할 수 있도록 고안된 연구개발, 검사와 평가를 포함한 체계적인 조사를 의미한다.

여기에서 하나의 활동이 45 CFR 46에 적용받을 수 있는 인간을 대상으로 하는 연구인지는 다음의 절차 [그림 6-2]를 거쳐 결정된다.[6]

---

6) http://www.hhs.gov/ohrp/humansubjects/guidance/decisioncharts.htm

〈표 6-1〉 45 CFR 46 규정법의 목차[7]

연방정부 규정법
타이틀 45 공공 복지
건강, 인간 서비스 국 건강 국가 기구 연구 위험 보호국
파트 46 연구대상 인간 보호

Subpart A-연구대상 인간 보호를 위한 연방정부 정책(연구대상자 인간 보호
　　　를 위한 기본 DHHS 정책)
Subpart B-임산부, 태아 그리고 신생아가 포함된 연구에서 추가 보호 규정
Subpart C-연구대상으로 죄수를 포함하는 생명의학과 행동연구에 관한
　　　DHHS 추가 보호 규정
Subpart D-연구대상으로 포함된 아동을 보호하기 위한 DHHS 추가 규정

공동의 규칙이 성문화되어 있는 조항
7 CFR Part 1c 농업부
10 CFR Part 745 에너지부
14 CFR Part 1230 국가 항공학과 우주 사업부
15 CFR Part 27 상무부
16 CFR Part 1028 소비 생산 안전 위원회
22 CFR Part 225 국제 개발 협력 기구, 국제 개발을 위한 기구
24 CFR Part 60 주택과 도시 개발부
28 CFR Part 46 법무부
32 CFR Part 219 국방부
34 CFR Part 97 교육부
38 CFR Part 16 재향군인부
40 CFR Part 26 환경보호기구
45 CFR Part 690 국가 과학 재단
49 CFR Part 11 교통부

7) http://www.hhs.gov/ohrp/humansubjects/guidance/45cfr46.htm#46.102

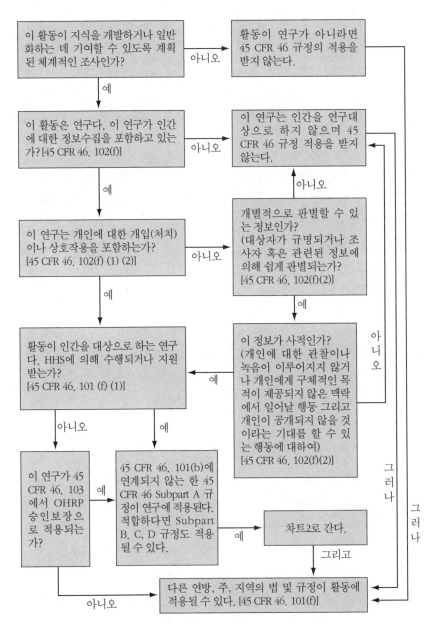

[그림 6-2] 45 CFR 46 규정에 적용되는 인간을 포함하는 연구활동인가?

45 CFR 46 적용을 받는 연구는 어떤 활동이든지 지식을 개발하거나 일반화하는 데 기여할 수 있도록 체계적인 조사가 이루어지는 것을 의미한다. 또한 이 연구가 인간에 대한 정보 수집을 포함하고 있고, 개인에 대한 개입(처치)이나 상호작용을 포함하게 되면 45 CFR 46 적용을 받게 된다.

또한 45 CFR 46 규정의 규제를 받지 않는 연구는 다음과 같다. 심의를 받는 연구가 기존의 사례나 자료만을 사용하고 이 수집된 자료가 누구에게나 공개된다면 이 연구는 45 CFR 46 규정의 적용을 받지 않게 된다. 만일 기존의 자료나 사례를 이용하지만 자료가 연구대상자를 규명할 수 있다면 이 연구는 45 CFR 46 규정을 따라야 한다. 이와 같이 45 CFR 46 규정 적용을 위하여 구체적인 내규 등을 OHRP에서 제시하고 있다.

또한 45 CFR 46 Subpart A에서는 IRB 구성, 기능, 연구 승인 준거에 대한 규정도 설명하고 있다. IRB 구성원은 다양한 배경을 가진 5인으로 구성되어야 하며 이 정책에 적용되는 모든 연구 활동의 승인, 수정 요청 또는 불인정에 대한 권한을 가지고 있다고 명시하고 있다.

연구대상자로서 아동에 대한 보호를 규정해 놓은 45 CFR 46의 Subpart D를 좀더 구체적으로 살펴보면 다음과 같다. 이 규정은 건강 및 대인 서비스부(DHHS)에 의해 수행되거나 지원을 받는 연구가 아동을 대상으로 할 때 적용된다. 여기에서 아동이라 함은 연구에 포함되어 있는 처치나 절차에 동의할 수 있는 법적 연령에 달하지 않은 사람을 의미한다. 동의는 연구에 참여하는 아동의 동의를 의미하고, 허가는 연구에 참여한 아동의 부모나 보호자의 동의를 의미한다. IRB는 아동에게 최소한의 위험이 있는 연구인지를 심의하여야 하고, 연구가 아동의 복지나 건강에 심각하게 영향을 미치는 것에 대한 이해, 예방, 경감하는지를 조사할 수 있는 정당한 기회를 제공하고 있는지, 부모나 보호자의 동의를 받았는지, 아동이 동의할 수 있으면 아동의 동의를 얻었는지에 대하여 심의하여야 한다.

45 CFR 46 연방규정은 다른 부서나 기구의 정책과 절차 적용에도 이용되고 있다. 예를 들어, 교육부(Dept. of Education)의 아동 연구 관련 규정으로 34 CFR 97(Title 34 Part 97: Protection of Human Subjects)[8]과 34 CFR 99(Title 34 Part 99: Family Educational Rights and Privacy Act)[9]이 있는데 이 역시 45 CFR 46 규정을 따르고 있다. 아동을 보호 · 교육하고 있는 보육시설, 유치원, 학교에서 아동을 연구대상자로 표집 하려고 할 때는 45 CFR 46 규정 외에 34 CFR 97과 99 규정을 충족시켜야 한다.

② 규정심의위원회

미국 연방정부의 인간을 대상으로 하는 연구에서 연구대상자를 보호하기위한 규정인 45 CFR 46을 수행하고 심의하는 기구가 규정심의위원회(Institutional Review Board: IRB)이다(Department of Health and Human Services, 2001). 인간을 대상으로 하는 연구가 이 규정을 준수하는지에 대한 심의는 연구가 지원되거나 수행되는 지역 단위 혹은 각각의 기관별 IRB에 의해 이루어진다. IRB의 구성은 자발적이며 IRB가 구성되면 OHRP에 등록하도록 규정하고 있다.[10]

---

8) http://www.access.gpo.gov/nara/cfr/waisidx_03/34cfr97_03.html

9) http://www.access.gpo.gov/nara/cfr/waisidx_03/34cfr99_03.html

10) http://www.hhs.gov/ohrp/assurances

IRB는 45 CFR 46 규정에 의하여 그 활동이 이루어진다. 각각의 IRB는 다양한 배경을 지닌 5인 이상의 구성원으로 연구 활동을 심의하도록 하고 있다. 구성원 중 1인은 과학 영역에 주요 관심이 있는 자와 1인은 과학 분야가 아닌 영역에 주요 관심을 가진 자로 구성되도록 규정하고 있다. IRB는 연구 수행의 승인을 위하여 수정을 요청할 수 있고 연구 활동을 인정하지 않을 수 있는 권한도 가지고 있다.

IRB가 승인할 수 있는 연구의 기준은 다음의 사항을 포함하고 있다(IRB guidebook, 2001). 첫째, 연구대상자에 대한 위험이 최소화되어야 한다. 둘째, 연구대상자에 대한 위험이 예측할 만한 범위에 있어야 한다. 즉 연구대상자가 어떠한 위험과 혜택이 있을 것인지에 대한 사전 정보가 있을 때 연구 수행이 가능하다. 셋째, 연구대상자의 선정에 있어서 공정하여야 한다. 넷째, 각 연구대상자로부터 동의서를 받아야 한다. 다섯째, 동의서는 기록되어 있어야 한다. 여섯째, 연구는 대상자의 안전을 보장할 수 있도록 수집된 자료를 모니터 할 수 있어야 한다. 일곱째, 자료의 익명성이 보장되어야 한다. 이러한 기준으로 IRB는 연구를 심의하게 된다. 또한 IRB는 승인된 연구가 IRB 요구사항을 따르지 않고 연구를 수행했거나 연구대상자에게 예측되지 않은 심각한 위험이 있을 경우 이 연구를 일시적으로 중지시키거나 종료시킬 수 있는 권한도 가지고 있다.

IRB는 1981년 이후 가이드북을 개발하여 인간을 대상으로 하는 연구에서 인간을 보호하기 위한 심의에 도움이 될 수 있는 하나의 자원으로 이를 제공하고 있다. Indiana University의 The Poynter Center에서 이 가이드북은 준비되고 개정되고 있다. 가이드북의 목적은 말 그대로 IRB 구성원들과 운영자들에게 편리하고 참고가 될

수 있도록 만들어진 것이지 규정을 만들어내기 위한 것이 아님을
밝히고 있다. 이 가이드북은 IRB 구성원, 연구자, 기관 운영자등을
위하여 만들어졌다고 밝히고 있다. 가이드북의 내용을 소개하면
〈표 6-2〉와 같다.

〈표 6-2〉 IRB Guidebook의 목차[11]

서문 : 이 책의 사용방법
서론
　　- 인간연구대상자 보호 시스템의 역사
　　- The Belmont Report
　　- 참고자료 제시
　Ⅰ장　제도적인 운영절차
　　A. IRB 권한
　　B. IRB의 운영(IRB 설립, 멤버쉽, 자료 보관, 책임)
　　C. 주 조사자　　　　　　　　D. 준수/비준수
　Ⅱ장　규정과 정책
　　A. 건강, 대인 서비스부 규정, 정책과 보장
　　　(연방 정책, 45 CFR 46, 보장)
　　B. 식품, 약품 운영 규정과 정책
　　　(FDA와 DHHS 규정 비교 등)
　Ⅲ장　IRB의 기본 검토 내용
　　A. 위험/권익 분석　　　　　　B. 동의서
　　C. 연구대상의 선택　　　　　　D. 사생활 보호와 비밀 보장
　　E. 모니터링과 관찰　　　　　　F. 추가적 보호장치
　　G. 참여에 대한 인센티브　　　　H. 지속적인 검토
　Ⅳ장　연구설계 측면에서의 고려사항
　　A. 서론　　　　　　　　　　　B. 관찰
　　C. 자료 검토와 역사연구　　　　D. 조사, 질문지 그리고 인터뷰
　　E. 전염병 연구　　　　　　　　F. 사례-통제 연구
　　G. 예측 연구　　　　　　　　　H. 임상 시험

---

11) http://www.hhs.gov/ohrp/irb/irb_guidebook.htm

IRB 가이드북 목차의 내용을 좀더 상세하게 살펴보면 다음과 같다. 1장에서 연방정책에 따라 부서나 기구의 지원을 받고 인간을 대상으로 하는 연구에 참여하고 있는 각 기관은 반드시 연구를 심사하고 승인할 수 있는 IRB를 세워야 한다고 적고 있다. IRB 구성원의 조직, 자료 보관, 기구의 보증에 대해서도 설명하고 있다. 2장에서는 IRB의 기본적인 사항이 담겨있다. IRB는 제출된 연구의 위험과 권익을 평가해야 하고 다음과 같은 일련의 절차를 밟아야 한다. ① 연구에 참여하지 않는 대상자가 받는 치료의 위험과 구별하여 연구와 관련된 위험을 규명하고, ② 가능한 한 위험은 최소화될 것을 결정하여야 하고, ③ 연구에서 나올 수 있는 가능한 권익을 규명하고, ④ 연구대상자의 권익과 관련하여 위험이 타당한지 만일 그렇다면 획득되는 지식의 중요성을 결정하여야 하고, ⑤ 가능한 연구대상자는 위험, 불편함, 그리고 예측되는 권익에 대한 공정한 설명이 주어져야 할 것을 입증하고, ⑥ 정기적인 점검의 시기를 결정하고 수집된 자료가 모니터를 받도록 하여야 한다.

동의서(2장 B.)는 인간을 대상으로 하는 연구의 가장 중요한 윤리적 기준이다. 동의서는 연구가 진행되는 지속적인 절차에 대한 동의로서 한 장의 서류나 일시적으로 이루어 질 수 있는 것이 아니다. 동의서는 연구대상자가 연구의 본질을 이해하고 연구에 자발적으로 참여할지를 결정할 수 있다는 것을 입증하여 주는 것이다. 동의서에서 고려해야 할 점들은 다음과 같다. ① 연구자가 특별히 취약한 집단을 포함할 계획이 있는가? ② 연구의 설명이 위험과 권익에 대한 정확한 평가를 제공하고 있는가? 연구자가 서술한 대로 직접적인 권익이 있을 가능성이 있는가? ③ 연구대상자에게 밝힌 정보의 언어와 제안 방식이 적절한가? ④ 연구에 대한 설명을 위한 시기와 상황이 좋은 결정을 내리도록 도움이 되는가? ⑤ 누가 잠정적인 대상에게 연구를 설명하는가? 연구자 외에 다른 사람이 있어야 하는가? ⑥ 연구대상자는 정기적으로 재교육되고 이들의 동의가 필요한가? ⑦ IRB는 참여하고 있는 대상자에게 새로운 정보를 제공해야 하는지를 결정하기 위하여 계속해서 들어오는 자료를 모니터하는가?를 고려하여야 한다.

연구대상의 선택(2장 C)에 있어서도 IRB는 과학적 디자인, 위험에의 민감성, 권익의 가능성, 실용성, 그리고 공정성의 정도를 결정하여야 한다. IRB는 연구대상자가 공정하게 선정되도록 다음의 사항을 고려해야 한다. ① 연구에 참여하는 부담이 연구에서 얻는 이익과 상충하는가? ② 연구의 본질을 살피기 위해 제안하는 연구대상자를 이용하는 것이 당연하거나 정당화될 수 있는가? ③ 연구에서 제시된 위험에 빠지기 쉽거나 연구에 배제되어야 하는 집단의 사람들이 있는가? ④ 연구대상자에게 예측되어지는 이익이 어느 정도이며 연구의 부담이 공정하게 배분되어 있는가? 등이다.

사생활보장과 비밀 유지(2장 D)역시 어떠한 상황에서도 유지되어야 한다고 명시하고 있다. IRB가 고려해야 할 사항은 다음과 같다. ① 연구는 연구대상자가 사생활 보호에 대한 기대를 가지고 있는 상황의 관찰을 포함하는가? ② 사생활이 침해된다면 연구목적의 중요성이 이 침해를 정당화할 수 있는가? ③ 만일 연구자가 추후 연구를 위하여 대상자를 선정하는데 기존의 자료를 검토하기를 원한다면 이 자료에 접근하기 위하여 누구의 동의를 구해야 하는가? ④ 연구자가 개개인에 대한 민감한 정보를 수집할 것인가? 등이 포함된다.

모니터링과 관찰(2장 E)에서는 연구자의 자료 수집, 저장, 분석에 대한 계획을 심사하는 것을 의미한다. 고려해야 할 사항은 다음과 같다. ① 연구 자료가 기록되고 유지될 것인가? ② 위험정도를 고려할 때 연구를 모니터하는 계획이 시기 적절하고 철저한가? ③ 주 조사자가 바쁘다면 모니터할 수 있는 시간이 충분한가? ④ 예측되지 않은 결과가 발견되었을 경우 IRB에 정보가 주어질 수 있는 기구가 있는가? 등이다.

추가적인 보호장치(2장 F)는 IRB의 주요한 임무가 연구대상자의 보호이므로 이들의 권리와 복지를 위하여 이러한 장치가 필요할 수 있다는 것을 명시하고 있다. 참여에 대한 인센티브(2장 G)는 연구 참여에 대한 보상을 받은 사람들이 공정하게 선정되었는지, 적절하게 알고 있는지, 적절하게 보상이 이루어졌는지를 고려하여야 한다. 이를 위해 고려할 사항은 다음과 같다. ① 자발적이고 동의서를 얻는 기준이 모든 조건에 적용되고 있는가? ② 인센티브는 연구의 복잡성과 불편함 그리고 특정 연구 대상에 기초하여 적정하게 지급되었는가? 등이 고려되어야 한다.

IRB 가이드북 4장에서는 연구 디자인과 관련하여 고려되어야 할 점들이 서술되어 있다. 연구의 가치는 연구결과의 완전함에 의존한다. 인간을 연구대상으로 삼는 연구의 윤리적 정당성은 건강보호를 증진하여 인간의 복지를 함양하고 과학적 이해를 높이는 데 있다. 이 장의 목적은 과학적 연구 디자인, 과학자에 이용되는 연구 기술, 그리고 이 디자인과 기술에 의해 야기되는 윤리적 고려사항에 대한 정보를 제공하고 있다. 다음은 연구디자인과 관련하여 IRB 심사에서 제외되거나 혹은 심사받아야 하는 경우의 예다.

관찰 연구 가운데 공공장소의 사람들만을 관찰하는 연구가 있다. 대상이 어른이면 이 연구는 IRB 심사에서 제외된다. 그러나 대상자가 규명될 수 있도록 자료가 기록되거나, 수집된 정보가 대상자에게 법적인 혹은 민사상의 위험을 주거나 혹은 경제적 지위, 고용, 또는 명성에 위험이 되는 경우에는 IRB 심사대상이 된다. 또한 대상자의 환경에 개입하거나 조작하는 연구는 IRB의 심사대상이다. 기존의 공적이거나 사적인 기록만을 이용하는 연구는 IRB 심사

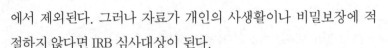

에서 제외된다. 그러나 자료가 개인의 사생활이나 비밀보장에 적절하지 않다면 IRB 심사대상이 된다.

사회과학에서 많이 이용되는 조사연구, 질문지 그리고 인터뷰연구 경우 성인이 연구대상으로 참여하게 되면 IRB 심사에서 제외된다. 그러나 이러한 연구 역시 개인이 규명될 수 있거나 수집된 정보가 대상자에게 법적, 민사상의 위험을 주거나, 경제적 지위, 고용, 명성에 해를 끼칠 수 있다면 IRB 심사를 받아야 한다. 유전연구, 사례-통제연구, 예측 연구, 임상시험 연구 역시 사생활보호나 비밀 보장과 같은 중요한 문제와 관련되면 IRB 심사를 받아야 한다. 실험과 통제 집단에의 대상 선정에서는 연구자가 한 집단을 실험집단으로 선정할 가능성을 최소화하기 위하여 무작위 선정이 이루어져야 한다.

IRB 가이드북의 6장은 특별히 고려해야 할 계층 가운데 아동과 약자에서는 다음과 같은 사항을 고려할 것을 제안하고 있다. ① 연구는 개별 아동 참여자에게 직접적인 권익을 규명할만한 가능성이 있는가? 그 권익이 다른 수단으로도 얻어질 수 있는가? ② 연구가 개별 아동 참여자에게 직접적인 위험을 규명할 만한 가능성이 있는가? 이러한 위험을 최소화하기 위한 어떠한 안전장치가 제안되었는가? ③ 정상적인 자원자가 포함되는 것이 마땅한가? ④ 플라시보 통제집단을 포함하는 연구가 아동을 잠재적인 치료연구나 개입에 선정되지 않도록 하여 더 큰 위험에 놓이도록 하는가? ⑤ 가능하다면 적절한 연구가 동물이나 성인에게 먼저 이루어지도록 하였는가? 나이든 아동이 더 어린 아동보다 먼저 등록되었는가? ⑥ 각 주에서 대다수를 차지하는 연령대는 무엇인가? 아동이 특정한 조건에서 의료보호에 동의할 수 있는 연령은 몇 세인가? ⑦ 양쪽 부모의 동의가 필수적인가? ⑧ 연구에 아동을 포함시키기 위하여 부모의 동의가 강압, 착취 및 비현실적인 약속에서 영향을 받지 않도록 하는 노력이 있었는가? ⑨ 아동이 연구대상자로 포함되면서 이들의 권위가 침해되지 않도록 보장받을 수 있는 장치가 있었는가? ⑩ 동의과정에서 감독자나 옹호자가 함께 하는 것에 대한 특별한 문제가 있었는가? ⑪ 연구디자인에서 설명되는 상담과 비밀보장과 같은 청소년의 특별한 요구가 있었는가? ⑫ 아동학대나 미성년자에 대한 성적인 행위에 대한 민감한 연구에서 발생할 수 있는 비밀보장과 보고와 같은 특별한 문제가 있었는가? ⑬ 아동이 함께 있는 조건에서 다른 가족 구성원의 건강상태에 대한 암시가 있다면 가족 단위(유전위험이나 HIV감염)에서 다루어지도록 제시하는 적절한 기제가 있었는가? ⑭ 연구가 수행되는 동안 부모가 함께 있어야 하는가? 와 같은 사항이 고려되어야 한다.

이상과 같이 미국에서는 아동을 비롯한 인간이 연구대상에 포함될 경우 고유의 권리를 보호하기 위한 노력이 제도적, 정책적으로 이루어지고 있을 뿐 아니라 이를 적용할 수 있는 하부구조 역시 제도적으로 정착되어 있다. 이들의 노력은 점점 다양한 연구에서 개인의 권리가 침해될 수 있는 가능성을 찾고 이를 제어할 수 있도록 그 방향이 맞추어져 있다.

(2) 캐나다

캐나다에서는 1989년 설립된 인간연구윤리 국가위원회(National Council on Ethics in Human Research: NCEHR)를 두고 있다.[12] 이 위원

---

12) http://www.ncehr-cnerh.org/english/home.php

회의 목적은 연구에 참여하는 인간 복지의 보호와 증진에 있고, 인간을 포함하는 연구수행의 높은 윤리적 기준을 조성하는 데 있다. 이 위원회는 캐나다의 의학연구위원회(Medical Research Council)가 인간을 포함하는 연구의 윤리에 대한 지침을 심사하면서, 지속적인 심사와 정보교환을 필요로 하는 해당 연구윤리위원회(Research Ethics Boards)의 윤리심사제도의 필요성을 인식해 설립된 단체다. NCEHR이 설립된 이후 인간을 대상으로 하는 연구의 윤리적 가능성을 측정하는 지역 기구인 연구윤리위원회의 자문역할을 하고, 연구 윤리에 대한 교육, 대화, 그리고 이해를 높이는 역할을 하고 있다.

NCEHR 규정[13]은 의학연구협회(Medical Research Council: MRC), 자연과학과 기술연구 협회(Natural Sciences and Engineering Research Council: NSERC), 그리고 사회과학과 인문학 연구 협회(Social Sciences and Humanities Research Council: SSHRC) 세 협회가 인간을 대상으로 하는 연구지침의 필요성을 제기하여 1997년과 1998년 사이에 걸쳐 마련되었다. 미국의 IRB와 같이 연구가 수행되는 기구인 연구윤리위원회(Research Ethics Boards: REB)가 설치되어 연구의 계획을 심사하고, 승인·거부하거나, 수정을 요하는 역할을 하게 된다. NCEHR의 정책안에는 윤리심의, 동의서, 사생활보호와 비밀보장, 이익의 갈등, 연구 공평성, 토착민을 포함하는 연구, 임상시행, 인간유전자연구, 인간생식체, 배아연구, 인간조직연구 등에 대한 윤리적 기준을 10가지로 나누어 제시하고 있다. REB에서는 이 기준에 맞게 연구를 심의하고 있다.

---

13) http://pre.ethics.gc.ca/english/policystatement/policystatement.cfm

(3) 영국

영국은 건강부(Department of Health)를 대신하여 연구윤리위원회 중앙부처(Central Office for Research Ethics Committees: COREC)[14]를 두어 연구윤리와 관련하여 다음과 같은 임무를 수행하도록 하고 있다.

- 영국의 국가건강서비스(National Health Service)를 대신하여 지역과 여러 센터의 연구윤리위원회의 운영체계의 개발을 관장하고 있다.
- 영국의 연구윤리시스템의 운영을 총괄하며 연구윤리위원회(Research Ethics Committee)와 관련하여 정책과 운영지침을 심의할 필요가 생기면 건강부와, 다른 책임있는 기구를 경계한다.
- 여러 센터의 연구윤리위원회(Multi-center Research Ethics Committee)를 운영한다.
- 연구윤리위원회의 위원들과 운영자를 위한 국가 차원의 훈련 프로그램을 개발하고 운영한다.
- 연구윤리의 다양한 관점을 위해 정책 책임을 지고 있는 건강부의 행정직들과 밀접한 관계를 유지한다.
- 영국 전역에 일관되게 작용할 수 있는 REC의 운영절차와 기준을 개발하고 보완한다.
- 지역 연구위원회(Local Research Ethics Committee)를 관장하기 위하여 지역별 연구위원회 사무소를 설립하고 이를 운영한다.

---

14) http://www.corec.org.uk

이상과 같이 캐나다, 영국에서도 미국과 유사한 정책과 제도를 마련하고 있는 것으로 나타났다. 중앙정부가 규정을 만들어 이의 적용과 수행을 위한 중앙기구를 마련하고, 연구가 이루어지는 하위 단위, 예를 들어 미국의 IRB, 캐나다의 REB, 영국의 REC와 같은 지역 혹은 연구수행기관 단위 등에서 정부의 규정이 구체적으로 적용될 수 있도록 체계를 갖추고 있음을 알 수 있다.

2) 대학의 연구대상 보호 체계

45 CFR 46의 연방규정에 따라 미국 대학에서는 IRB를 구성하여 대학 내에서 진행되는 모든 연구의 계획서를 심의한다. IRB는 대학 내외의 전문가로 구성된다. 다음은 몇몇 대학의 연구진행 시 지켜야 할 기준 및 승인 절차를 안내하고 있는 사이트다.

시카고 대학의 경우 학문분야별로 별도의 IRB가 구성되어 있으며, 이중에는 '아동 연구를 위한 IRB(School of Social Service Administration & Chapin Hall, Center for Children Instructional Review Board, SSA IRB)[15]도 있다. 여기에 제출하여야 할 서류를 소개하면 다음과 같다. ① 주 연구자의 서명이 있는 원본 제출양식 서류와 복사본 1부, ② 원본과 사본 동의서 각 1부, ③ 다른 기관에서 받은 IRB 승인서 사본 2장, ④ 관련서류: 지원 출처, 이해관계의 갈등과 면제·박탈심의 자료 사본 2부, ⑤ 추가 자료: 광고, 모든 자료 수집 도구, 보고 서류, 협력기관이나 기구의 승인 편지 등, ⑥ 연구 계획서: 계획서 전문 1부 등이다.

---

15) http://humansubjects.uchicago.edu/ssairb

대학의 연구 기준 및 승인절차에 관한 사이트

- Duke University: Office of Research Support
  (http://www.ors.duke.edu/irb/index.html)
- Indiana University: Office of the Vice President for Research Policies for the Office of Research and the University Graduate School
  (http://www.indiana.edu/~rugs/respol/index.html)
- Michigan State University: Office of the Vice President for Research and Graduate Studies
  (http://www.msu.edu/unit/vprgs)
- The Pennsylvania State University: Office of the Vice President for Research
  (http://www.research.psu.edu)
- The University of Chicago: Human Subjects
  (http://humansubjects.uchicago.edu)
- University of Illinois at Urbana-Champaign: Institutional Review Board for the Protection of Human Subjects
  (http://www.irb.uiuc.edu)
- University of Michigan: UM Research, Scholarship and Creative Activity
  (http://www.research.umich.edu)
- University of Minnesota: Office of the Vice President for Research, Sponsored Project Administration
  (http://www.ospa.umn.edu/index.html)
- University of Wisconsin-Madison: Office of Research and Sponsored Programs
  (http://www.rsp.wisc.edu)

여러 대학 가운데 University of Illinois at Urbana-Champaign 대학의 윤리 심사절차에 대한 예를 들어보면 다음과 같다.

일리노이 대학에서 수행되는 인간을 대상으로 하는 모든 연구는 연방정부와 교내 정책에 따라 인간을 보호하도록 규정하고 있다. 모든 연구자는 이 규정을 따르기 위하여 일리노이 대학 연구자 핸드북(UIUC Investigator Handbook)을 참조하도록 하고 있다. 인간을 대상으로 하는 모든 연구는 심의를 받아야 한다. [그림 6-3]은 인간 대상 연구가 승인을 얻기 위한 심사요청의 절차다.

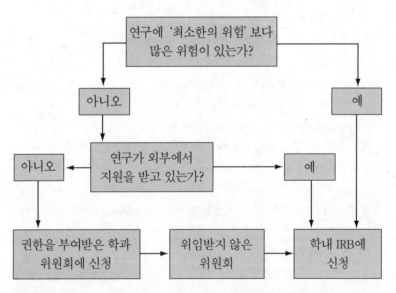

최소한의 위험(Minimal Risk): 제출된 연구에서, 참여로 인한 해나 불편함의 정도나 가능성이 일상생활이나 일상의 신체 혹은 심리적 검사나 시험에서 받는 것보다 더 크지 않은 것을 말한다.

[그림 6-3] 인간을 대상으로 하는 연구의 승인 신청 절차

[그림 6-3]에서 보는 바와 같이 연구가 최소한의 위험보다 많은

위험이 있거나 외부로부터 지원을 받을 경우 반드시 대학 내 IRB에 심의를 신청하여야 한다.[16] 그러나 '최소한의 위험' 보다 적거나, 외부의 지원이 없거나, 책임지고 있는 연구원의 학과가 위임받은 위원회가 있다면 그 연구는 학과위원회에 심의를 신청하여야 한다. 만일 연구책임자의 학과에 위임받은 심의위원회가 없다면 그 연구는 대학 IRB심의를 거쳐야 한다.

　심의를 위하여 반드시 첨부하여 제출할 내용의 서류는 다음과 같다. 연구자에 대한 정보, 연구의 본질, 지원 출처, 대상 집단, 연구대상자 선정 방식 및 어떻게 동의서를 받을 것인지, 어떻게 비밀보장이 이루어질 것인지, 위험과 권익에 대한 정보가 서류에 포함되어야 한다. 심의가 끝나는 것은 연구책임자에게 연구의 개시를 승인하는 혹은 수락 조건이 담긴 편지를 보내는 것으로 이루어진다. 인간을 대상으로 하는 연구는 공식적이고 문서화된 승인이 이루어져야 대상자를 연구에 포함시킬 수 있다. 미국 대학 내에서 인간을 대상으로 하는 모든 연구는 윤리적 적합성 심의를 받고 이루어짐을 알 수 있다.

3) 학회의 연구윤리 강령

　미국 내 여러 학문분야의 학회에서는 연구자 윤리강령을 제시하고 있다. 다음은 아동관련 연구가 진행되는 관련 학회의 윤리 강령 목록이다.

---

16) http://www.irb.uiuc.edu/ihb/index.asp

① 미국 심리학회(American Psychological Association: APA) - Ethical Principles of Psychologists and Code of Conduct

(http://www.apa.org/ethics)

APA의 윤리강령은 이 학회에 등록한 전문가와 학생에게 적용되며, 심리학자의 과학적, 교육적, 그리고 전문적인 작업과 관련된 활동에 적용된다. 적용분야는 임상, 연구, 상담뿐만 아니라 연구, 피훈련자 슈퍼비전, 평가도구 개발, 평가 활동, 정책 개발, 프로그램 디자인과 평가, 교육적 상담 등 매우 다양하다.

일반적인 원칙에는 권익과 비유해성, 약속엄수와 책임, 성실성, 정의, 인간의 권리존중을 제시하고 있고, 윤리기준 원칙에는 윤리적 문제의 해결, 심리학자의 권한 및 자격, 인간관계에서 발생하는 사항에 대한 원칙들, 사생활 보호와 비밀보장, 공지와 공적인 표현, 자료 보관과 비용, 교육과 훈련, 연구와 출판, 측정, 치료에 관한 원칙들을 상세하게 규정하고 있다.

② 미국 아동학회(Society of Research for Child Development: SRCD) - Ethical Standards for Research with Children

(http://www.srcd.org/about.html#standards)

이 학회에서는 아동과의 연구에 있어서 지켜야 할 16가지 원칙을 제시하고 있다. 해를 주지 않는 절차, 동의서, 부모의 동의, 추가 동의, 금전적 보상, 속임, 익명성, 상호 책임, 위험, 예측되지 않는 결과, 비밀보장, 참여자에 대한 정보제공, 결과 보고, 결과의 암시, 과학적 위법행위, 개인의 위법행위등에 대한 원칙을 자세하게 제공하고 있다.

③ 미국 교육학회(National Education Association: NEA) - Code of Ethics of the Education Profession

(http://www.nea.org/code.html)

이 협회에서는 교육전문가들이 학생에 대한 사명감, 전문직에 대한 사명감 등에 대한 윤리적 기준을 제시하고 있다.

④ 미국 교육 연구 협회(American Education Research Association) -
Ethical Standards of AERA

(http://www.aera.net/about/policy/ethics.htm

이 협회의 윤리적 기준은 회원이 연구분야에 물론 교육현장에도 관
여하고 있으므로 몇 가지로 나누어 윤리적 기준을 적용하고 있다.
첫째, 교육 현장에 대한 연구자의 책임감에 대한 기준 둘째, 연구 집
단, 교육기구, 그리고 대중에 대한 연구자의 역할 셋째, 지적 소유권
넷째, 편집, 심사 기준 다섯째, 지원, 정책가, 그리고 다른 연구의 이
용자들에 대한 기준 여섯째, 학생과 학생연구자에 대한 기준을 서술
하여 각각의 경우에 따른 윤리적 기준을 정하고 이를 협회의 회원들
이 준수하도록 하고 있다.

⑤ 미국 인류학회(American Anthropological Association: AAA)- AAA
Ehtics

(http://www.aaanet.org/committees/ethics/ethics.htm)

윤리 규정에서 전문가 책임의 원칙이라는 제목으로 윤리기준을 서
술하고 있다. 이 학회에서 다루고 있는 윤리기준은 다음의 내용을
담고 있다. 첫째, 연구하려는 사람들과의 관계 부분에서는 연구에
참여하는 사람들의 명예와 비밀보장, 익명성 등의 원칙을 담고 있
다. 둘째, 대중에 대한 책임부분에서는, 인류학자는 자신들의 전문
적 노력을 소비하는 가능한 대중에 대한 책임이 있다. 셋째, 학문에
대한 책임부분에서는 인류학자의 학문분야의 명성에 대한 책임이
있다. 넷째, 연구에 참여하는 학생에 대한 책임부분에서는 학생의
복지와 발전에 기여할 것을 담고 있다. 다섯째, 연구 지원자들에 대
한 책임부분에서는 인류학자가 자신의 자질, 능력, 목적에 대해 정
직해야 한다. 여섯째, 정부에 대한 책임부분에서는 인류학자가 자신
의 정부나 자신을 보호하는 정부에 대하여 정직해야 한다는 등의 내
용을 담고 있다.

⑥ 미국 특수교육학회(Council for Exceptional Children: CEC) – Code
of Ethics and Standards of Practice
(http://www.cec.sped.org/ps/code.html)
이 학회에서는 윤리조항과 전문가로서 실제 수행 기준을 함께 제시
하고 있다. 윤리조항에는 전문가로서의 사명감, 전문가의 역량, 개
인의 권익보호, 정부의 규약이나 정책 이수 및 이 학회에서 제시하
고 있는 전문가적 윤리기준 등에 따를 것을 제시하고 있다.
전문가로서 역할수행에 대한 기준에는 교수행위 책임, 행동 조절,
지원 절차, 부모와의 관계, 특별한 요구를 지닌 사람들에 대한 옹호
기준 등이 포함되어 있다.

미국 심리학회의 연구윤리규정은 인간을 연구대상으로 하는 연
구를 할 때 지켜야 할 윤리기준을 폭넓게 다루고 있는 데 비해, 미
국 아동학회의 연구윤리 규정은 인간 중 특히 아동을 연구대상으
로 할 때 고려해야 할 윤리기준을 제시하고 있다. 각 학회는 그 특
성에 맞게 연구대상자의 보호를 위한 규정을 두고 있다. 또한 각 학
회나 협회는 연구자가 지켜야 할 윤리뿐만 아니라 전문가로서의
행동윤리도 구체적으로 제시하고 있는 것을 알 수 있다. 즉, 연구대
상자에 대한 권익보호는 연구자의 윤리적 행동에서 기인하므로 이
에 대한 규정의 필요성이 강조된 결과로 볼 수 있다.

4) 연구의 윤리적, 법적 기준에 대한 교육

OHRP와 같은 정부기관, 학회, 대학 등에서는 연구대상으로서
인간의 권익보호를 위한 관련 워크숍 및 수업을 다양하게 개설하
여 학생들로 하여금 인간을 대상으로 하는 연구에서 지켜야할 법

적, 윤리적 기준을 이해하고 준수하도록 교육시킨다.

OHRP의 주요한 역할 가운데 하나가 연구대상의 권익보호를 위한 교육이다. 2000년 10월 1일부터 OHRP는 NIH(National Institute of Health)에 연구계획서를 제출하거나 지원을 신청하는 모든 연구자는 연구대상 권익보호를 위한 교육을 받을 것을 규정하고 있다.

다음은 연구윤리와 관련된 몇몇 교육 및 워크숍 일정에 대한 내용이다.

① OHRP에서는 연구대상자로서의 인간의 권익보호에 관한 CD 타이틀, 비디오 등의 교육 자료를 개발하여 무료로 배포하고 있으며, 연구대상 권익보호를 위한 컨퍼런스를 정기적으로 개최하고 있다. 컨퍼런스는 2004년 2월에 하와이 호놀룰루에서, 3월과 4월에는 플로리다 주 올란도, 그리고 4월에 미주리주 세인트 루인스에서 실시되었다. 2005년 4월 플로리다 주 올란도에서 열릴 워크숍의 주제는 '위험에 빠지기 쉬운 연구대상'이며, 주요 내용으로는 위험에 빠지기 쉬운 연구대상에 대한 IRB의 운영, 홈리스, 밝혀지지 않은 취약층 등이다. 이 워크숍에 참석하여야 할 대상으로는 연구자, IRB 구성원, IRB 운영자 혹은 직원, 환자권리옹호단체, 공공의료 직원, 저널리스트, 기관/대학 교수 혹은 직원 등이다. (http://hhs.gov/ohrp/education/conference.html)

② 인디애나 대학교의 윤리연구와 미국 기구를 위한 포인터 센터 (Poynter Center for the Study of Ethics and American Institutions)는 미국인의 공공 생활에 걸쳐 나타나는 윤리적 이슈를 연구하도록 세워진 기구로서 주요한 임무로 연구윤리교육을 담당한다. 이 센터에서는 연구윤리교육을 위해 유용한 자료[17]들을 제시하고 있다. 또

---

17) http://poynter.indiana.edu/tre/shortlist.pdf

한 이 센터는 실천과 전문 윤리 협회(Association for Practical and Professional Ethics[18])를 조직하여 실천적으로 그리고 전문적으로 연구윤리에 대한 학제간의 학문과 수준 높은 교육을 권장하고 있다. 2004년 5월 19일부터 22일까지 인디애나 대학에서 제11회 연례 연구윤리교육 워크숍이 개최되었다.

(http://poynter.indiana.edu/tre)

특히 인디애나 대학에서 개최되는 연례 연구윤리교육 워크숍 사이트에는 대학에서 연구윤리에 대한 수업을 진행할 때 강사가 사용할 수 있는 수업자료들이 다양하고 체계적으로 제시되고 있다. ① 연구윤리교육을 시작하는 강사에게 유용한 간단한 정보 목록[19], freewriting, 1분 짜리 보고서, non-quiz, logbook 등 수업시간에 학생들에게 부과할 수 있는 간단한 형태의 보고서 양식들[20], ② 구조화된 논쟁, 역할극, 3단계 인터뷰 등 수업 중의 소집단활동에 사용할 수 있는 교육방법들[21], ③ 사례연구를 소재로 수업을 진행하는 방법과 절차[22], ④ 학생들이 연구윤리에 대해 얼마나 배웠는지 평가할 수 있는 방법과 절차[23], ⑤ 연구윤리 교육에 대한 쟁점을 다루고 있는 Trends(ISSN 1075-766X)라는 신문기사의 자료목록[24] 등이 있다. 2005년 5월 12-14일 20주년 기념 연구윤리교육 워크숍이 열릴 예정이다.

③ 2001년 7월 16-17일에는 미국 Univerity of Southern California에서 OHRP/USC 전국 인간 대상 보호 교육 워크숍(OHRP/USC National

---

18) http://www.indiana.edu/~appe
19) http://poynter.indiana.edu/tre/shortlist.pdf
20) http://poynter.indiana.edu/tre/kdp-writing.html
21) http://poynter.indiana.edu/tre/kdp-groups.html
22) http://poynter.indiana.edu/tre/kdp-cases.pdf
23) http://poynter.indiana.edu/tre/kdp-assessing.pdf
24) http://www.indiana.edu/~poynter/trends.html

Human Subject Protections Education Workshop)이 개최되었다.
(http://www.usc.edu/dept/socialwork/research/ohrp/description.html)

④ Yale University에서 2002년도 Celia B. Fisher 박사가 진행하는 취약한 집단을 대상으로 하는 연구의 윤리(The Ethics of Research Involving Vulnerable Populations) 수업이 개설되었다. 또한 IRB 훈련을 위한 웹기반 훈련 프로그램이 제공되기도 하였다.
(http://www.yale.edu/opa/v31.n1/story25.html)

⑤ Harvard University에서는 인간을 대상으로 하는 모든 연구자는 다음의 교육을 모두 마쳐야 한다는 새로운 규정이 마련되었다
(http://www.hsph.harvard.edu/hsc/education.html#links). 그 교육내용으로는 1회의 온라인 훈련 모듈 참여, 첫해 동안 1회 CD 타이틀이나 비디오를 통해 IRB 기초를 보거나 90분간의 HSC(Human Subject Committee)의 워크숍 참석, 첫해에 1회 HSC에서 제공하는 특별한 이슈에 관한 CD 타이틀이나 비디오를 보거나, 워크숍 참석, 첫 1년이 지난 후 위의 교육내용 가운데 한 가지의 추가 모듈에 참석해야 한다.
(http://www.fhi.org/training/en/REIC)

⑥ 2002년 6월 10-14일, 2003년 6월 23-27일에 Harvard University의 윤리 워크숍(Ethics Workshop)에서는 국제건강연구에서의 윤리적 이슈(Ethical Issues in International Health Research)가 논의되었다. 2004년 6월 14-28일까지 국제건강연구에서 윤리적 이슈에 대한 워크숍이 보스톤에서 열렸으며, 2005년 6월 13-19일에 다시 개최될 예정이다.
(http://www.hsph.harvard.edu/bioethics)

지금까지 살펴본 바와 같이 미국을 비롯하여 서구에서는 연구대상으로서 인간(아동포함)을 보호하기 위한 체계가 크게 정부기구의

규제, 관련 전문기관의 윤리기준 제정, 대학의 관리 및 교육을 통한 홍보 등을 중심으로 구체적으로 이루어지고 있다. 우리나라의 경우 연구대상자로서의 인간, 특히 아동의 권익을 보호하기 위한 구체적인 규제나 제도 및 체계가 거의 수립되어 있지 않은 것이 현실이다.

3. 결 론

이 장에서는 아동을 포함한 인간을 대상으로 하는 연구에서 이들의 권익을 보호하기 위한 노력이 어떻게 이루어지고 있는 지를 파악하기 위하여 미국을 중심으로 한 외국의 기준, 정책, 제도에 대하여 살펴보았다.

미국을 비롯한 다른 국가들은 뉴렌버그 코드가 제정되고, 헬싱키 선언이 선포되면서 인간을 대상으로 하는 연구에서 개인의 권리를 보호하여 할 절대적 필요성을 법, 정책, 제도로 반영하였다. 각국은 인간을 대상으로 하는 연구에서 인간을 보호하기 위하여 정부차원에서 위원회를 조직하고 이를 실현할 수 있는 절차를 위한 법, 제도 등을 마련하였다. 이러한 노력은 법이나 제도가 마련되는 것으로 그치지 않고 연구대상인 인간이 위험에 처할수 있는 상황이 달라지고 변화한다는 점을 인식하여, 법적, 제도적 장치의 수정 및 첨가작업을 지속적으로 하면서 연구대상으로서 인간의 권리보호에 노력을 기울이고 있다.

우리나라의 경우 인간을 대상으로 하는 많은 분야의 연구에서 법적, 제도적 장치가 그 효력을 발휘하고 있으므로, 개인의 권리가 보호되지 않고 있는 연구에 대한 조사가 먼저 이루어져야 할 것이다. 동시에 인간을 대상으로 하는 모든 연구에서 인간의 권리를 보호할 수 있도록 정책과 제도가 마련되어야 할 것이다. 그리고 인간을 대상으로 하는 연구 분야의 전문가들이 참여하여 인간 권리보호 규정을 마련하기 위한 위원회의 발족이 필요할 것으로 보인다. 이러한 노력이 국가수준에서 수행되기 어렵다면 인간을 대상으로 하는 연구결과를 발표하고, 발간하는 학회 차원에서 규정을 마련하고 법과 정책에 반영되도록 힘써야 할 것이다. 그러나 인간을 대상으로 많은 연구가 이루어지고 있는 현실을 감안할 때 연구에서 개인의 권리를 법과 제도차원에서 보호하는 것은 더 이상 미룰 수 없는 사안이다.

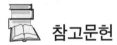 참고문헌

Department of Health and Human Services. (2001). Code of Federal Regulations Title 45 Public Welfare Part 46 Protection Human Subjects. Retrieved December, 13, 2004, from Office for Human Research Protection, Regulations. http://www.hhs.gov/ohrp /humansubjects/guidance/45cfr46.htm

IRB guidebook. (2001). Human Subject Protections Index Page. Retrieved December, 13, 2004. http://www.hhs.gov/ohrp/ irb/irb_guidebook.htm

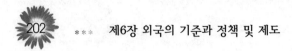
Office for Human Research Protections. (2003). Policy guidance. Retrieved February 3, 2004, from Policy guidance. http://ohrp.osophs.dhhs.gov/polasur.htm

제7장

아동 연구 윤리기준

1. 서 론

사람을 대상으로 하는 연구는 종종 연구대상자로부터 민감한 정보를 얻어야 하는 경우가 많기 때문에 데이터를 수집하고 다루는 과정에서 연구대상자에게 여러 가지 불이익이나 피해를 끼칠 수 있다. 첫째, 사회적으로 바람직하지 못한 행동에 관한 정보를 수집할 때 개인의 사생활을 침해하기 쉽다. 둘째, 불법적 행동에 대한 정보를 수집할 경우 특정 개인이 법률적으로 위험에 처할 수 있다. 셋째, 민감한 문제를 다루는 과정은 연구대상자에게 스트레스를 유발한다. 넷째, 연구 질문들이 연구대상자의 가족, 친구, 기타 주변 이웃과의 관계나 연구대상자 자신의 행동에 대해 묻는 것일 때에도 관련자들의 비밀이나 사생활이 침해될 위험이 있다.

이러한 이유로 연구책임자는 다음과 같은 측면에서 연구대상자를 보호할 방안을 강구해야 한다. 첫째, 연구대상자는 연구에의 참여 여부를 자발적으로 결정할 수 있어야 하고, 판단을 위해 필요한 정보를 얻을 수 있어야 한다. 그리고 자발적 참여의사는 서면 등으로 표현되어야 한다. 둘째, 연구과정에서 수집된 연구대상자의 정보는 비밀과 익명성이 보장되어야 한다. 연구과정에서 얻은 정보의 비밀을 보장하기 위한 좋은 방편은 과정 중에 참여자의 인적사항을 자세히 묻지 않고 익명성을 준수하는 방식으로 자료를 수집하는 것이다. 셋째, 연구대상자가 연구에 참여하면서 받게 될 심리·사회적 스트레스는 연구의 특성에 따라 다양하므로, 필요할 경우 연구대상자가 상담사와 같은 전문가의 도움을 받을 수 있다는 정보 등이 세심하게 제공되어야 한다.

아동은 판단력이 미숙하여 자발적으로 연구 참여 및 참여중지 여부에 대한 판단을 내리기 어렵다. 뿐만 아니라 발달시기의 특성상 연구에 참여함으로써 입게 될 유·무형의 피해가 성인보다 다양하고, 연구과정에서 경험한 조그만 스트레스에도 성인보다 취약할 수 있다. 아동은 연구를 진행하기 용이하다는 이유나 또는 심리 상태 및 사회경제적 조건상 성인보다 다루기 쉽다는 이유로 연구의 대상자가 되어서는 안 된다. 아동은 이미 스트레스에 취약한 대상이므로 연구에의 참여가 이들의 심리적 부담을 더 배가시키지 않도록 충분히 보호받아야 한다. 아동을 대상으로 한 연구는 아동의 권리를 침해하지 않도록 적극적으로 아동의 권익을 보호하는 상황에서 이루어져야 한다.

이 장에서는 아동을 대상으로 하는 연구에서 지켜야 할 윤리적·법적 기준의 내용을 분석해보고 이를 토대로 우리나라 아동 연구에서 지켜야 할 윤리기준 안(案)을 제시하고자 한다. 분석 및 참고 자료는 주로 미국 인터넷 자료의 검색을 통해 얻어졌으며, 이에 따라 연구대상자의 권익을 보호하기 위한 규정, 심의제도 및 절차 등에 대한 각종 정보는 주로 미국의 자료를 중심으로 논의되었다. 인터넷 자료가 많기 때문에 참고문헌은 각주의 형태로 정리되었다.

2. 아동 연구 윤리기준 및 관련 법규의 내용

여기서는 아동을 연구대상으로 하는 연구에서 지켜야할 법적, 제도적, 윤리적 기준의 제반 내용을 살펴보려고 한다. 이를 위해 분석근거로 삼은 자료는 크게 네 가지로 나누어볼 수 있다. 첫째, 역사적으로 중요한 선언 및 보고서로 뉴렌버그 코드(The Nuremberg Code, 1949)[1], 헬싱키 선언(Declaration of Helsinki, 1964)'[2], 벨몬트 보고서(The Belmont Report, 1979)[3]에서 제시하고 있는 기본 정신 및 원칙을 살펴보았다. 둘째, 인간을 대상으로 하는 연구에서 지켜야 할 기준을 제시한 미국 연방규정으로 45 CFR 46(Title 45 Part 46 of the Code of Federal Regulations)[4]의 인간 대상 연구기준 및 아동관련 추가 기준, 34 CFR 97(Title 34 Part 97 : Protection of Human Subjects)[5]

---

1) http://ohrp.osophs.dhhs.gov/irb/irb_appendices.htm#j5
2) http://ohrp.osophs.dhhs.gov/irb/irb_appendices.htm#j5
3) http://ohrp.osophs.dhhs.gov/humansubjects/guidance/belmont.htm
4) http://ohrp.osophs.dhhs.gov/humansubjects/guidance/45cfr46.htm
5) http://www.ed.gov/offices/OCFO/humansub/part97.html

과 34 CFR 98(Title 34 Part 98 : Family Educational Rights and Privacy Act)[6]의 기준을 살펴보고, 연방공식기구인 인간연구보호국(Office for Human Research Protection: OHRP)에서 제시한 규정심의위원회 안내책자(Institutional Review Board - IRB Guidebook)[7]의 내용을 살펴보았다. 셋째, 미국 주요 대학의 IRB에서 제시하는 인간 대상 연구에서 지켜야할 여러 가지 기준들의 내용을 살펴보았다.[8] 넷째, 아동관련 학회로 미국심리학회(American Psychological Association: APA)[9]의 윤리기준과 미국 아동학회(Society of Research for Child

---

6) http://www.ed.gov/offices/OM/fpco/ferpa/index.html
7) http://ohrp.osophs.dhhs.gov/irb/irb_guidebook.htm
8) 여기에서 살펴본 미국 대학의 IRB목록 및 인터넷 주소는 다음과 같다.
   - Duke University : Office of Research Support, Policies Governing Research(http://www.ors.duke.edu/policies/list.htm)
   - Harvard University : Harvard University Institutional Review Board Web Sites (http://www.fas.harvard.edu/~research/HumSub.html)
   - Indiana University : Office of Reseach and the University Graduate School, Research Policies(http://www.indiana.edu/~rugs/respol/index.html)
   - Michigan State University : Office of the Vice President for Research and Graduate Studies, Research(http://www.msu.edu/unit/vprgs)
   - Northwestern University : Office of the Vice President for Research, Research Related Policies and Guidelines(http://www.msu.edu/unit/vprgs)
   - The Pennsylvania State University : Office of the Vice President for Research, Policies and Procedures(http://www.research.psu.edu/pp)
   - University of Chicago : Human Subjects(http://humansubjects.uchicago.edu)
   - University of Illinois-Champaign/Urbana : Vice Chancellor for Research and Dean of the Graduate College, Policies(http://www.uiuc.edu/unit/vcres/policies.html)
   - University of Michigan : Research, Scholarship and Creative Activity (http://www.research.umich.edu)
   - University of Minnesota : Policies, Procedures and Guidelines Related to Research (http://www.ospa.umn.edu/policiesmanuals&education/policies/respolcy.htm)
   - University of Wisconsin : Research and Sponsored Programs, Research Policies and Guidelines(http://www.rsp.wisc.edu/html/policies.html)
9) http://www.apa.org

Development: SRCD)[10]의 아동 연구 윤리기준의 내용을 살펴보았다. 미국 심리학회의 연구윤리 규정은 인간과 동물을 연구대상으로 할 때 지켜야 할 윤리기준을 폭넓게 다루고 있는 데 비해, 미국 아동학회의 연구윤리 규정은 인간 중 특히 아동을 연구대상으로 할 때 고려해야할 윤리기준을 집중적으로 제시하고 있다. 〈표 7-1〉에 제시된 바와 같이, 1953년에 처음 제정된 미국 심리학회의 연구 및 출

〈표 7-1〉 미국 심리학회(APA) 연구윤리 기준

Ethical Standards for Research and Publication*
1. Institutional Approval
2. Informed Consent to Research
3. Informed Consent for Recording Voices and Images in Research
4. Client/Patient, Student, and Subordinate Research Participants
5. Dispensing With Informed Consent for Research
6. Offering Inducements for Research Participation
7. Deception in Research
8. Debriefing
9. Humane Care and Use of Animals in Research
10. Reporting Research Results
11. Plagiarism
12. Publication Credit
13. Duplicate Publication of Data
14. Sharing Research Data for Verification
15. Reviewers

*미국 심리학회의 윤리강령은 10개의 장으로 구성되어 있고, 이중 연구와 관련된 윤리기준은 제8장에 제시되어 있다.

출처 : http://www.apa.org

10) http://www.srcd.org

판(research and publications)에 관련된 윤리기준은 15가지의 원칙을
제시하고 있다. 1991년에 처음 제정된 미국 아동학회의 아동 연구
윤리기준에는 모두 16가지의 원칙이 담겨있다. SRCD의 아동윤리
강령은 〈표 7-2〉와 같다. 여기에서는 편의상 미국 아동학회의 기
준에 따라 아동을 연구대상으로 하는 연구에서 지켜야 할 법적·
윤리적 기준을 정리해보기로 한다.

〈표 7-2〉 미국 아동학회(SRCD)의 아동윤리 강령 전문

Ethical Standards for Research with Children
Prin. 1. NON-HARMFUL PROCEDURES
Prin. 2. INFORMED CONSENT
Prin. 3. PARENTAL CONSENT
Prin. 4. ADDITIONAL CONSENT
Prin. 5. INCENTIVES
Prin. 6. DECEPTION
Prin. 7. ANONYMITY
Prin. 8. MUTUAL RESPONSIBILITIES
Prin. 9. JEOPARDY
Prin. 10. UNFORESEEN CONSEQUENCES
Prin. 11. CONFIDENTIALITY
Prin. 12. INFORMING PARTICIPANTS
Prin. 13. REPORTING RESULTS
Prin. 14. IMPLICATIONS OF FINDINGS
Prin. 15. SCIENTIFIC MISCONDUCT
Prin. 16. PERSONAL MISCONDUCT

출처 : http://www.srcd.org

1) 아동에게 무해하여야 하는 문제

뉴렌버그 코드에서는 인간을 대상으로 한 실험이나 연구가 연구대상자에게 신체적 상해나 죽음과 같은 심각한 피해를 주지 않는다고 확신할 경우에만 이를 시도하도록 하고 있다. 특히 동물실험을 통해 안전성을 미리 확인하라고 권하고 있으며, 그 무엇도 연구대상자인 인간의 안전만큼 중요하지는 않다고 거듭 강조하고 있다. 헬싱키선언에서도 과학자들은 인간에게 미치는 위험이 예측가능하지 않는 한, 인간을 연구대상자로 포함시키지 말아야 한다고 규정하고 있다. 벨몬트 보고서에서는 연구윤리의 3가지 원칙[11] 중 두 번째인 '연구대상자 이익의 극대화(beneficence)'를 담보해내기 위한 구체적인 방법으로 첫째, 연구대상자에게 피해를 주지 말 것, 둘째, 나타날 수 있는 피해를 최소화시키고, 이익을 극대화시킬 것을 들고 있다. 특히 아동을 대상으로 하는 연구의 경우 이 원칙이 더욱 신중하게 적용되어야 한다고 하였다.

IRB 안내서에 따르면 아동관련 연구 중 IRB에 의해 승인될 수 있는 연구는 다음과 같은 4가지 종류가 있다.

첫째, 아동을 연구대상으로 하는 연구의 보편적 기준은 연구 참여가 연구대상에게 미치는 '위험이 최소(minimal risk)'일 것으로 하고 있다. 위험수준이 최소라는 것의 의미는 연구에의 참여로 인해 예측되는 위험이나 불이익의 수준이 일상생활에서 늘 경험하게 되는 수준 혹은 평소의 신체적, 심리적 검사 수준보다 크지 않을 경

---

11) 벨몬트 보고서에서는 인간을 대상으로 하는 연구에서 지켜야 할 윤리기준의 세 가지 원칙을, 인간존중(respect for persons), 연구대상자 이익의 극대화(beneficence), 연구의 공정성(justice)으로 제시하고 있다.

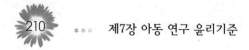

우를 의미한다.

둘째, 위험수준이 '최소보다 크지만(greater than minimal risk)', 연구대상자에게 직접적인 이익이 있는 경우의 연구이다.

셋째, 위험수준이 최소보다 크고, 연구대상자에게 직접적인 이익은 없으나 연구대상자의 부적응에 대해 일반화될 수 있는 지식을 얻을 수 있는 연구가 있다. 이들 연구의 경우 IRB는 다음과 같은 조건이 있을 경우에 한하여 연구를 허락하도록 하고 있다.

- 위험수준이 최소한보다 약간 높음
- 연구 참여시 경험하는 내용이 연구대상자의 일상적, 의료적, 치과적, 심리적, 사회적, 교육적 상황에서 경험하는 것과 비슷한 정도임
- 연구과정이나 처치의 결과 연구대상자의 부적응을 이해하거나 개선시키기 위해 아주 중요한 정보 내지 일반화시킬 수 있는 지식을 얻을 수 있음
- 아동, 부모, 소속기관장의 동의를 얻기 위한 적절한 과정이 있음

넷째, 위의 세 기준에 맞지 않으나 IRB가 향후 아동의 복지나 건강을 위협할 심각한 문제의 이해, 예방 및 완화를 위해 연구할 가치가 있다고 평가하는 연구가 있다. 이러한 연구의 경우에는 '기관 내 연구 부감독관(Deputy Director for Intramural Research: DDIR)[12]의 추가 검토를 받아야 하며, DDIR은 전문가 패널로부터 해당 연구의 목적과 설계에 대해 적절한 자문을 받아야 한다.

'국립 인간연구 자문 위원회(National Human Research Protections

---

12) DDIR은 DHHS산하 NIH(National Institutes of Health)의 하부에 위치한 Office of Intramural Research에 소속된 기구다.

Advisory: NHRPAC)[13]에서는 '위험이 최소'라는 규정이 아동에게 적용될 때는 특히 신중할 것을 권고하고 있다. 즉, 일상적으로 노출될 수 있는 위험 내지 불이익의 수준을 건강하고 정상적인 평균아동이 경험하는 수준으로 이해하는 것은 적합하지 않다는 것이다. 이보다는 동일한 최소 위험수준이라도 아동의 발달 연령이나 개인사정에 따라 다르게 경험될 수 있다는 점을 염두에 두고 판단해야 한다. 아울러 위험수준이 최소보다 크나 아동의 복리에 기여할 수 있는 일반화된 지식을 얻을 수 있는 연구의 경우, IRB가 다음과 같은 제한을 둘 것을 권고하고 있다.

- 연구과정의 진행은 아동에 대한 전문적 지식을 가진 사람이 담당할 것
- 처치과정에서의 시도 횟수나 설문지 응답시간의 길이를 제한할 것

아울러 동 자료에 따르면, 위험수준이 최소보다 큰 연구일 경우 연구대상자인 아동, 부모, 소속기관장의 동의를 얻는 과정은 다음과 같이 진행되어야 한다.

- IRB가 아동의 연령, 성숙정도, 심리적 상태를 고려하여 판단할 때 아동이 동의 능력이 있는 경우라면 아동의 동의를 얻기 위한 적절한 과정이 이루어져야 한다.
- 위험수준이 최소한인 연구일 경우 한쪽 부모의 동의만 있어도 되나, 위험수준이 최소가 넘는 연구일 경우에는 불가피할 때를 제외하고는 양쪽 부모의 동의를 모두 얻어야 한다.

---

13) http://ohrp.osophs.dhhs.gov/nhrpac/nhrpac.htm

미국 아동학회의 윤리기준에서는 연구자가 아동에게 신체적·심리적으로 해를 끼치는 연구과정을 진행시킬 수 없다고 하면서, 연구자는 항상 아동에 대한 피해가 최소한으로 될 수 있도록 노력할 의무가 있다고 하였다. 이때 심리적 피해는 규정하기가 더욱 모호한데, 이를 명백히 규명할 책임은 우선 연구자에게 있으며, 연구자는 이를 위해 다른 사람과 상의해야 한다. 연구과정이 아동에게 해를 끼칠 것이 명백하다면 연구자는 이를 변경시키거나 그렇지 않을 경우 연구자체를 포기해야 한다. 하지만 진단이나 치료과정상 불가피하게 아동을 스트레스 상황에 노출시켜야 할 경우에는 해당 IRB의 허락을 받아야 한다.

2) 연구대상자의 자발적 동의를 얻는 문제

뉴렌버그 코드의 10가지 기준 중 첫 번째는 '인간 연구대상자의 자발적 동의가 가장 중요하다' 라는 것이다. 즉, 연구대상자는 연구의 목적과 과정에 대한 정보를 충분히 알고 있는 상태에서 스스로 연구 참여 여부를 자유롭게 결정할 수 있어야 한다. 벨몬트 보고서에서도 인간을 대상으로 하는 연구에서 지켜야 할 세 가지 원칙 중 첫 번째로 '인간 존중(Respect for Persons)'을 제시하고 있는데, 그 의미는 개인이 자율적인 개체로 존중받아야 하고, 아동과 같이 자율성이 부족한 개인은 이를 적극 보호해주어야 한다는 것이다. 이를 위해 연구대상자들은 첫째, 연구에 자발적으로 참여할 수 있을 것과 둘째, 연구에 대해 충분한 정보를 갖고 있는 상태에서 참여 여부를 결정할 수 있어야 한다고 서술되어 있다. 즉, 연구에서 연구대상자인 인간을 존중하기 위한 구체적인 방법으로 벨몬트 보고서에서는 연구대상자의 '동의(Informed Consent)'를 받을 것을 권하면서, 연구대상자가 이 결정을 내리기 위해 알아야 할 정보의 내용을 제시하고 있다.

IRB 안내서에서는 인간을 대상으로 하는 연구에서 연구대상자로부터 받아야 할 연구 동의서에 다음과 같은 내용을 담을 것을 제안하고 있다.

- 연구의 목적, 연구대상자의 참여기간, 참여과정에 대한 설명
- 연구대상자에게 발생할 수 있는 모든 종류의 위험이나 부적절함에 대한 설명
- 연구대상자나 타인에게 주어지는 모든 이익에 대한 설명
- 적절한 대체 과정이나 처치에 대한 설명
- 기록의 비밀이 유지될 것이라는 내용에 대한 설명
- 최소한의 위험이 넘는 연구의 경우, 보상에 대한 설명이나 상해가 발생하였을 경우 의료적 처치가 가능하다는 설명
- 연구나 연구대상자의 권리, 연구와 관련된 상해에 대해 의사소통할 대상에 대한 설명
- 참여는 자발적이며, 참여를 그만두고 싶을 경우 어떠한 불이익도 없이 중지할 수 있다는 점에 대한 설명

연구 동의서에는 필요할 경우 다음과 같은 내용도 포함될 필요가 있다.

- 특정 처치나 과정이 현재는 예견할 수 없는 대상(가령 연구대상자가 임신했을 경우 태아)에게 위험을 초래할 수 있다는 점에 대한 설명
- 연구에 참여할 경우 발생할 수 있는 비용에 대한 설명

- 연구에의 참여 중지가 연구에 미치는 결과에 대한 설명
- 연구대상자의 지속적인 참여의지를 불러일으킬 수 있는, 연구 과정에서 발견된 의미 있는 새로운 결과에 대한 정보
- 연구대상자의 동의 없이 연구자가 참여를 중지시킬 수 있는 상황에 대한 설명
- 연구에 참여한 대략적인 연구대상자의 수에 대한 설명

미국심리학회(APA)의 윤리지침에서는 연구 및 상담치료 과정에서 연구 참여자나 내담자의 목소리 혹은 모습을 영상으로 기록할 경우 이에 대해서도 서면동의를 받을 것을 권고하고 있다. 서면동의서의 양식에 대해 참조할 수 있는 인터넷 사이트는 다음과 같다.

- Informed Consent Checklist(http://ohrp.osophs.dhhs.gov/humansubjects/assurance/consentckls.htm)
- Informed Consent, Legally Effective and Prospectively Obtained(http://ohrp.osophs.dhhs.gov/humansubjects/guidance/hsdc93-03.htm)
- Informed Consent, Non-English Speakers(http://ohrp.osophs.dhhs.gov/humansubjects/guidance/ic-non-e.htm)

일반적으로 연구 동의서는 연구대상자의 서면동의를 받은 형태로 IRB에 제출되어야 한다. OHRP는 서면동의서의 내용을 연구대상자가 1인칭으로 서술되는 문장(가령, '나는 …에 대하여 잘 이해하고 있으며')으로 서술하지 말 것을 권고하고 있다. 이는 연구대상자는 연구책임자가 자신에게 완벽한 정보를 주었다고 판단할 능력이 없

다고 간주함으로써 연구대상자의 권익을 보호해 주기 위한 것이다.

미국 아동학회의 기준에 따르면 연구자는 아동의 동의를 구하기 전에 아동이 이해할 수 있는 표현으로 연구의 절차에 대해 설명하고, 아동에게 연구에의 참여 여부, 연구 참여의 중지에 대한 자유로운 선택권을 부여해야 한다. 영아가 연구대상인 경우 부모에게 연구에 대해 더욱 자세히 설명해주어야 하고, 연구과정 동안 영아가 나타내는 불편함의 징후가 없는지 예민하게 살펴보아야 한다. 자연관찰 연구의 경우, 관찰이 공공의 장소에서 이루어지고, 연구대상 아동의 익명성이 완벽하게 보장되며, 연구과정이 연구대상자에게 미치는 부정적 영향이 없다고 판단될 경우 부모의 서면동의를 받지 않아도 되나, 이에 대한 판단은 IRB와 상의해야 한다.

아동은 서면동의서를 제출하기가 어려우며 부모나 보호자의 서면동의를 받을 것을 권하고 있으나, 근래에는 아동에게도 발달상태를 고려하여 구두로 연구에 대해 설명하고 구두로 동의를 얻을 것을 요구하는 편이다. 가령 펜실베이니아 주립대학(PSU)의 규정에서는 아동의 연령에 따라 연구 참여에의 동의를 얻는 방법을 다음과 같이 제시하고 있다.[14]

- 6~7세의 아동에게는 연구에 대해 아동이 이해할 수 있는 수준의 언어로 설명을 하고 아동으로부터 구두로 동의를 얻어야 한다. 이 과정을 지켜본 목격자의 사인을 얻는 방법도 고려해 볼 수 있다
- 8~13세의 아동에게는 연구의 과정에 대해 비교적 상세히 구두 설명을 해야 하고 구두로 동의를 얻을 수 있다. 역시 이 과

정을 지켜본 목격자의 사인을 얻는 방법도 고려해 볼 수 있다.

- 13세 이상의 아동에게는 연령과 발달수준에 적합한 내용의 서면동의서를 받아야 하며 동시에 부모의 동의서도 받아야 한다.
- 이상과 같은 연령별 기준은 특정 아동의 발달수준이나 정신능력이 또래와 같지 않을 경우 이 아동의 이해수준에 적합한 형태로 변형시켜 적용해야 한다.

3) 부모 및 보호자의 허락을 얻는 문제

연구대상자가 아동일 경우 부모나 보호자에게도 서면동의를 얻어야 한다. IRB 안내서에 의하면 서면동의서의 양식은 성인을 연구대상자로 하는 연구에서 사용하는 서면동의서 양식과 동일하다. 다만, '귀하는…'으로 시작하는 문장 대신, '귀하의 자녀는…'으로 시작하는 문장 표현을 사용한다. IRB 안내서에서는 연구에 내포된 위험의 정도가 클 경우 양쪽 부모로부터 서면동의서를 받을 것을 요구한다.

자주 있는 경우는 아니나, 아동학대나 치명적인 질병에 대한 치료와 관련되는 연구의 경우 IRB의 허락에 따라 부모의 서면동의서를 받지 않을 수도 있다. 이는 대개 연구의 결과가 연구대상자 집단일반에 큰 도움이 되고, 부모의 동의를 얻는 것이 연구대상자 아동을 상당한 위험에 빠뜨릴 우려가 있다고 판단되는 경우에 국한한다. 일반적으로 아동을 대상으로 하는 연구에서는 부모의 서면동의서를 먼저 받은 후, 아동의 연령, 경험, 발달수준 등을 고려하여 아동에게도 구두로 동의를 얻을 것을 권하고 있다.[15]

미국 아동학회의 기준에 따르면 부모나 법정보호자에게서 가능한 서면동의를 받는 것이 좋다. 부모는 연구에 대한 제반 정보를 알고 자녀가 연구에 참여할 것을 허락할 수 있어야 하며, 연구에 참여하는 것을 중지해도 자녀에게 어떠한 불이익이 미치지 않을 것임을 사전에 알 수 있어야 한다.

4) 아동이 소속된 기관의 장(長)에게 허락을 얻는 문제

45 CFR 46 연방규정 및 IRB 안내서에 의하면 단순히 연구자가 편의를 보려고 시설에 있는 아동을 연구대상자로 포함시키는 것을 금하고 있다.[16] 아동을 대상으로 한 연구과정이 학교, 캠프, 병원, 기관 등에서 진행되는 것일 경우 이 기관에 소속된 대부분의 아동이 시설아동이 아닌 경우여야 한다.

미 교육부 규정에 의하면 연구대상자의 표집이 유아교육기관이나 학교를 통해 이루어질 경우 연구자는 기관장의 동의를 얻을 필요가 있다. 기관장은 아동의 이익을 우선 고려하는 차원에서 아동의 연구 참여를 허락해야 한다. 부모와 아동은 학교에서 관리되는 아동의 교육기록을 살펴볼 권리를 가지고 있다.[17] 기관장이 아동에 대한 기록을 연구자에게 제공할 경우에는 부모로부터 서면동의를 받아야 한다.

미국 아동학회의 기준에 따르면 가령 아동이 소속된 기관장(혹은 교사)과 연구대상 아동의 상호작용이 연구의 주제가 될 경우 기관

---

15) 인디애나 대학교의 '서면동의서 추가조건 : 아동, 여성 등' 부분
(http://www.iupui.edu/%7Eresgrad/Human%20Subjects/StartPage.html)
16) 벨몬트 보고서에 따르면 1940년대 이루어진 투스케기 매독 연구에서 장애자인 시골 흑인 남자를 연구대상자로 삼은 사례가 있다.
17) http://www.ed.gov/offices/OM/fpco/ferpa/index.html

장(혹은 교사)에게서도 연구에 참여하겠다는 서면동의를 받을 필요
가 있다. 이때에도 연구책임자는 기관장(혹은 교사)에게 연구에 대
한 자세한 설명을 해주고 이들의 질문에 성실하게 응답해주어야
한다. 아울러 기관장(혹은 교사) 역시 연구 참여 여부와 참여중지에
대한 선택을 자유롭게 할 수 있도록 해주어야 한다.

5) 아동이나 부모에게 물질적, 금전적 보상을 하는 문제

근래 의학연구의 경우 연구대상자인 아동과 부모에게 물질적 혹
은 금전적 보상을 하는 경우가 늘고 있다. Center-Watch의 자료를
분석한 결과에 의하면 소아의학연구의 약 25%가 연구대상자에게
금전적 보상을 하고 있으며 보상의 범위는 25$에서 1,500$에 이르
는 것으로 나타났다(Wendler, Rackoff, Enannel & Grady, 2002).

미국 연방규정인 45 CFR 46은 금전적 보상에 대한 규정을 제시하
고 있지 않다. '미국 소아의학회(American Academy of Pediatrics)' 는
부모에게 가는 보상액수는 감사의 표시를 넘지 않아야 하며, 아동에
게 보상할 경우 이는 연구가 끝날 때까지 주지 말 것을 권고하고 있
다. 미국 아동학회의 기준에 따르면 연구에 참여한 아동에게 주는
보상은 공정하고 아동이 평소 경험하는 정도의 수준을 넘지 않는 것
이 좋다. '시카고 아동병원(Children' s Memorial Hospital)' 의 IRB에서
는 현금을 주는 것을 금하고 건강한 아동이 연구에 참여했을 경우
보상이 아동에게 돌아가도록 아동용 선물을 줄 것을 권고하고 있다.
한편, 최근에 '유럽연합(the Euroepean Union)' 에서는 소아의학연구
에서 어떠한 경우에도 금전적 보상을 하는 것을 금지했다.

연구에 참여하는 아동이나 부모에게 재정적 보상을 금하는 근거

는 다음과 같다. 먼저 부모는 자녀의 권익을 최대한 보호하는 관점에서 자녀의 참여 여부를 결정해야 하는데, 부모에게 보상을 할 경우 이러한 결정에 조금이라도 영향을 미칠 수 있기 때문이라는 것이다. 또한 연구 종료 전에 보상을 하게 되면 연구도중에 자녀의 참여를 중지시키겠다는 결정을 자유롭게 내리는 데 영향을 미칠 수 있기 때문이라는 것이다.

연구대상자에게 재정적 보상을 하는 유형은 대개 4가지로 구분된다. 첫째, 소요비용만 보상하는 경우로 이는 연구에 참여함으로써 발생하는 직접적인 비용(교통비, 식사비, 주차료 등)만 보상해주는 것이다. 둘째, 연구 참여에 소요되는 시간과 불편함에 대해 보상하는 경우로 보상의 수준은 연구과정이 연구대상자의 시간적, 심리적 비용을 요구하는 정도에 비례한다. 셋째, 감사의 표시를 하는 경우로 아동의 참여가 종료된 후 부모나 가족의 소요비용에 대한 보상 여부와 관계없이 아동에게 약간의 감사를 표하는 것이다. 넷째, 인센티브를 주는 경우로 이는 아동이 연구에 참여함으로써 가족에게 발생하는 비용을 초과하여 보상하여 연구 참여를 이끌어내는 경우이다. 이는 특히 연구대상자가 자발적으로 연구 참여를 결정하기보다 인센티브로 인해 참여를 결정할 수 있다는 윤리적 문제를 내포하고 있으므로 연구대상자를 모집하기 매우 어려운 연구의 경우에 한하여 사용하여야 한다.

Wendler 등(2002)은 연구대상자인 아동과 부모에게 보상을 하는 것과 관련하여 다음과 같이 제안하고 있다.

① 여러 가지 유형의 보상을 어떤 연구에서, 어떻게 사용할 것인지에 대해 기관 나름의 기준을 설정할 것.

② 연구대상자를 모집할 때 정확한 보상의 종류를 알려주되 보

상액은 밝히지 말 것. 연구대상자 모집 홍보시에는 보상이 있을 것이라는 것과 더불어 발생할 수 있는 불이익이나 위험도 똑같이 명시할 것.

③ 인센티브를 사용하는 연구의 경우 해당 IRB에 그 근거를 밝힐 것. 인센티브는 기본적으로 비윤리적인 것인 바, 인센티브를 사용하여 연구대상자를 모집해야 할 만큼 연구의 결과가 인류의 복지에 도움이 될 것이라는 점을 설명해야 함.

④ 아동에게는 성인보다 적은 액수를 보상할 것. 성인과 아동은 연구에 참여함으로써 동일한 정도의 불이익이나 불편을 당하지만, 성인에게 주는 것과 동일한 액수의 보상이 아동에게는 감사의 표시보다는 인센티브로 작용할 수 있음.

⑤ 연구 도중에 참여를 중지해도 처음에 약속한 보상을 그대로 할 것이라는 점을 연구대상자에게 주지시킬 것. 그리하여 연구대상자가 언제든지 자유롭게 연구 참여를 중지하는 결정을 내릴 수 있도록 할 것.

⑥ 보상이나 인센티브가 혹시라도 부모로 하여금 자녀를 연구에 참여시키도록 결정하게 하는데 영향을 미칠 수 있으므로 보상이나 인센티브를 사용하는 연구의 경우 반드시 아동의 동의를 별도로 받을 것.

⑦ 서면동의서와 보상에 대한 설명은 분리된 용지에 각각 따로 편집할 것. 이렇게 함으로써 연구대상자가 참여 여부를 결정할 때 보상에 의해 영향을 받는 것을 최소화시킬 것.

⑧ 보상은 가능한 부모보다는 아동에게 직접 가도록 아동용 물품으로 줄 것. 아동에게 현금을 지불하면 종종 부모에게 가는 경우가 있으므로, 아동이 직접 사용할 수 있도록 연령에 적합

한 도서, 비디오, 영화 관람권 등의 형태로 지불할 것.

⑨ 보상은 합하여 주기보다는 연구 참여시 금전적, 시간적, 심리적 비용이 발생할 때마다 나누어 줄 것. 가령 매주 연구에 참여하기 위해 방문할 때마다 40$씩 주는 것이 총액 2,000$을 한 번에 주는 것보다 윤리적으로 적절함. 총액을 줄 경우 이것이 인센티브로 작용할 수 있음.

⑩ 보상의 총액이 커질 때 이것이 지속적인 연구 참여를 결정하는데 인센티브로 작용할 수 있으므로 가능한 지불을 연기하여 적립식 예금 등의 방법으로 지불하는 방안을 모색할 것.

6) 연구에서 아동을 속이는 문제

연구의 내용이나 설계에 따라 연구과정에 참여하는 아동에게 일정한 정보를 '속이거나 가르쳐 주지 않아야 하는 경우(deception)'가 있다. 미국 심리학회의 기준에 따르면 연구책임자는 해당 연구가 과학적, 교육적으로 뚜렷한 가치를 가지고 있고, 연구대상자를 속이지 않고서는 연구목적을 달성할 수 없는 불가피한 경우를 제외하고는, 연구대상자를 속여야 하는 연구를 가능한 진행하지 않는 것이 바람직하다. 연구책임자는 상식적으로 납득하기 어려운 정도의 신체적 고통이나 정서적 스트레스가 야기되는 연구에 대해서는 연구대상자를 속이지 말아야 한다.[18] 미국 아동학회의 기준에

---

18) P. G. Zimbardo의 스탠포드 죄수실험에서는 죄수 역할을 했던 연구대상자들에게 연구에 대한 정보를 모두 주었음에도 불구하고 연구대상자들이 실험도중 극심한 스트레스와 이상 증상을 호소하여 결국 실험이 중단되었다(Zimbardo실험에 대한 자세한 안내는 http://www.prisonexp.org를 참조할 것).

서도 불가피하게 연구대상인 아동을 속여야 하는 경우에도 이것이 아동이나 아동의 가족에게 부정적인 영향을 미치지 않는다고 판단될 경우에만 이를 사용하도록 하고 있다.

만약 연구과정에서 정보의 속임 및 전달의 유보 등이 이루어지고, 이것이 연구대상자에게 부정적인 영향을 미칠 수 있다는 근거가 있다면, 연구책임자는 자료수집 후 연구대상자의 이해를 구하는 절차를 밟아야 한다. 이러한 내용을 포함하여 연구책임자는 연구대상자가 '연구의 특성, 결과 및 결론에 대해 정확한 정보를 얻을 수 있는 기회(debriefing)'를 주어야 한다. 즉, 연구대상자가 연구참여로 인하여 갖게 될지도 모르는 잘못된 신념이나 태도를 바로잡아주기 위해 책임 있는 절차를 거쳐야 한다.

Hurley와 Underwood(2002)의 연구에서 8~12세 아동을 대상으로 또래관계를 관찰하는 실험연구를 실시하였다. 실험은 연구 참여 아동이 동성의 낯선 또래와 컴퓨터 게임을 하는 상황으로 진행되었다. 연구과정은 연구책임자로부터 미리 훈련을 받은 낯선 또래가 연구 참여 아동을 화나게 하여 게임에 이기도록 한 후 아동의 반응을 보는 것이었다. 실험 후 연구책임자는 연구 참여 아동에게 연구과정에서 낯선 또래가 일부러 아동을 화나게 했다는 것과 이를 통해 달성하고자 했던 연구의 목적 등을 알려주는 과정(debriefing)을 거쳤다. 이 과정 후 연구목적 및 특성에 대한 아동의 이해 정도는 부분적으로만 나아졌으며 어린 연령의 아동은 특히 연구의 목적과 같은 추상적인 정보에 대해서 잘 이해하지 못하는 것으로 나타났다. 이 결과를 토대로 연구자들은 연구에 대해 알려주는 절차를 진행시킬 때는 연구 참여 아동의 발달수준 및 특성을 고려하여 적용하려는 노력이 매우 필요하다고 제언하고 있다.

7) 연구대상자의 익명성을 보장하는 문제

미국 아동학회의 기준에 따르면 연구책임자가 아동에 관한 기관의 기록들을 얻고자 할 때는 기관장의 허락을 얻어야 한다. 허락의 범위를 넘어선 정보는 사용하지 말아야 하며 얻은 정보에 대해서는 익명성을 보장해야 한다. 연구책임자는 연구대상자의 신뢰를 입고 있는 기관장이나 책임자가 그러한 허락을 해주는 데 상응하는 책임감을 느껴야 한다.

8) 상호 책임의 문제

미국 아동학회의 기준에 따르면 연구의 각 절차를 시작할때 마다 연구책임자와 아동의 부모나 법정 보호자, 그리고 아동 간에 각자의 책임에 대한 설명이 이루어지고 이에 대한 명확한 동의가 이루어져야 한다. 연구자는 동의과정에서 이루어진 모든 약속에 대해 책임져야 한다.

9) 위험에 빠뜨리는 문제

미 연방규정인 45 CFR 46과 IRB 안내서에서는, 아동은 특별한 보호가 필요한 대상이므로 아동에 대한 특별한 추가 보호규정이 필요하다는 전제 아래 '아동부분' 추가 규정을 두고 있다. 아동은 자신이 연구과정에 참여하는 과정에서 자신의 복지를 위협할 위험에 처해도 이를 합리적으로 판단할 인지적 능력이 부족한 존재다. 미국 아동학회의 기준에 따르면 연구과정에서 연구책임자는 아동

의 복지를 위협할 수 있는 모든 정보에 민감하게 주의를 기울여야
한다. 연구자는 이런 정보를 부모나 보호자와 함께 의논할 책임이
있으며, 아동에게 필요한 도움을 제공하기 위해 전문가들과 의논
해야 한다.

10) 예상치 않은 결과가 나타났을 때의 문제

뉴렌버그 코드에서는, 실험이 진행되는 동안 연구대상자가 예상
치 못한 위험에 처하게 되면 연구자는 즉각 실험을 중지해야 할 책
임을 가져야 한다고 강조하고 있다. 미국 아동학회의 기준에 따르면
연구과정이 진행되는 동안 연구자가 미처 예상치 못한, 연구대상자
인 아동에게 바람직하지 않은 결과가 나타나면 연구책임자는 즉시
이를 시정할 방법을 강구해야 하고 연구과정을 다시 설계해야 한다.

11) 연구과정에서 얻은 정보에 대한 비밀을 보장하는 문제

미 연방규정인 45 CFR 46과 IRB 안내서에 따르면 연구책임자는
연구대상자에 관한 모든 정보에 대해 비밀을 지켜야 한다. 미국 아
동학회의 기준에서도 연구책임자는 연구대상자에 대한 모든 정보
에 대해 신의를 지켜야 한다고 강조하고 있다. 미국 심리학회에 의
하면, 연구결과가 구두나 원고로 발표될 때뿐만 아니라 동료나 학
생과 연구결과에 대해 논의할 때에도 연구대상자의 인적사항이나
정체는 노출되지 않아야 한다. 다른 사람이 연구대상자의 인적사
항이나 정체에 접근할 수 있는 가능성이 있을 경우 서면동의서에
그 가능성에 대한 설명이 포함되어 있어야 한다.

연구대상자가 불법적인 상황에 있을 경우(예 : HIV에 감염), 연구 책임자가 기관이나 정부에 연구대상자에 대한 정보―이름, 주소, 주민번호, 다른 식별가능 한 번호, 지문, 음성, 사진, 유전자 정보, 기타 다른 정보와 취합하여 정체를 확인할 수 있는 모든 정보―를 노출하면 연구대상자의 재정상태, 보험 상황, 고용안정성, 명성에 피해를 입을 수 있다. 연구대상자가 이러한 피해를 예방하고 이들이 연구 참여에 꺼리는 것을 보완하기 위해 NIH에서는 연구책임자가 연구대상자의 인적사항과 관련된 정보를 기관이나 정부의 요구에도 노출시키지 않을 수 있다는 '비밀유지에 대한 허가서(certifi-cates of confidentiality)'를 발급해 주고 있다.[19] 이를 받았을 경우 연구책임자는 서면동의서에 이 허가의 발효시기와 만료기일을 알려주고, 연구대상자에 의한 자발적인 공개는 가능하다는 점 등을 명시해 주어야 한다. 이와 관련해 참조할 수 있는 인터넷 사이트는 다음과 같다.

- Certificates of Confidentiality (http://ohrp.osophs.dhhs.gov/humansubjects/guidance/certconpriv.htm)
- Frequently Asked Questions on Certificates of Confidentiality (http://grants.nih.gov/grants/policy/coc/faqs.htm)
- Contacts for obtaining a Certificate of Confidentiality (http://ohrp.osophs.dhhs.gov/humansubjects/guidance/certconf.htm)
- Certificates of Confidentiality Contacts (http://grants.nih.gov/grants/policy/coc/contacts.htm)

---

19) http://ohrp.osophs.dhhs.gov/humansubjects/guidance/certconf.htm

12) 연구대상자에게 정보를 주는 문제

미국 아동학회의 기준에 따르면 연구자는 연구대상자가 연구에 대해 가지는 모든 의문점에 대해 성실하게 설명해 주어야 한다. 이때 설명은 연구대상자인 아동이 이해할 수 있는 수준의 언어로 이루어져야 한다. 과학적, 윤리적 필요상 정보를 말해줄 수 없을 경우에는 이러한 제한이 연구대상자인 아동에게 어떤 피해도 주지 않도록 노력해야 한다.

13) 연구결과의 보고 및 연구결과의 함의성 문제

미국 심리학회의 기준에 따르면 연구자는 데이터가 조작되거나 왜곡되지 않고 과학적으로 처리될 수 있도록 최선을 다하여야 한다. 미국 아동학회의 기준에 따르면 연구책임자는 수집된 자료가 조작되거나 왜곡되지 않고 과학적으로 처리되며 연구결과가 정확하게 발표되도록 노력해야 한다. 연구결과를 발표할 때에는 연구가 내포하고 있는 정치적, 사회적, 인간적 함의와 파장을 충분히 고려해보아야 한다. 하지만 동시에 이러한 원칙이, '어떤 영역이든 연구될 수 있고, 과학적인 과정에 의해 탐구될 수 있다'는 연구자의 권리를 거스르지 않아야 한다.

14) 과학적 오류 및 개인적 오류의 문제

미국 심리학회 및 아동학회의 기준에서는 만약 발표된 자료에 중대한 오류가 있다는 것이 밝혀지면 연구자는 이를 시정하기 위해 모든 노력을 기울여야 한다고 강조하고 있다. 미국 심리학회의 기준에 따르면 연구자는 다른 연구자의 자료를 표절하지 않아야 하고, 공동연구의 경우에는 연구자들의 기여도에 따라 공정하게 저자명을 넣어 논문을 발표해야 한다. 아울러 이미 발표되었던 데이터를 다시 논문으로 발표하지 않아야 한다. 일단 발표된 데이터는 다른 연구자와 공유하여 자신의 연구결과가 후속 연구에 의해 더욱 확증될 수 있도록 기여해야 한다. 다른 연구자의 논문을 심사할 때는 해당 연구자에 대한 어떤 정보도 고의로 누설하지 말아야 하고, 논문의 내용은 연구자 본인이 공표할 때까지 자신만이 알고 있어야 한다.

지금까지 미국의 규정 및 윤리강령 등을 중심으로 연구대상자의 권익을 보호할 수 있는 기준에 대해 알아보았다. 연구책임자는 자신이 진행하려는 연구가 아동에게 무해한지 신중하게 판단해 보고, 만약 위험이 있다면 이를 가능한 줄여서 최소한의 수준이 되도록 해야 하며, 연구에 대해 참여자의 자발적 동의를 얻고 이에 대한 서면동의서를 받아야 한다. 연구의 설계상 아동을 속여야 한다면 자료수집 후 이를 밝혀서 아동이 심신의 영향을 받지 않도록 해야 하고, 연구의 목적이나 결과에 대해 설명해 줌으로써 연구대상자가 연구에 대해 정확하게 판단할 수 있는 기회를 주어야 한다. 연구에 참여하는 아동이나 부모를 격려하기 위해 물질적, 금전적 보상을 할 경우 그 규모와 방법은 신중하게 결정되어야 한다. 연구과정에서 얻은 참여자의 인적사항에 대한 정보는 익명으로 처리되어야 하고, 자료에 대한 비밀이 보장되어야 한다. 연구결과의 보고는 과학적이고 사려 깊게 발표되어야 한다. 이외에 연구과정에서 연구

대상자가 아동학대 등의 위험에 처한 상황이 발견된다면 이를 고
발해야 하는 문제, 연구대상자에게 유해한 예상치 못한 결과가 발
견되었을 경우 즉시 연구의 설계를 시정해야 하는 문제 등이 논의
되고 있다.

3. 우리나라 아동 연구를 위한 윤리기준 안(案)

여기에서는 위에서 살펴본 연구 윤리규정의 내용을 토대로 아동
을 대상으로 하는 연구에서 준수하여야 할 윤리기준 안(案)을 다음
과 같이 제시하고자 한다.

① 아동에게 심신의 피해가 전혀 없거나 거의 없어야 한다.
아동을 대상으로 하는 연구는 아동이 일상적으로 경험하는 수준
이상의 신체적, 정신적 피해가 없어야 한다. 아동이 일상적으로 경
험하는 수준의 피해는 건강한 아동을 기준으로 판단하는 대신 연
구에 참여하는 모든 아동의 개인적 발달수준 및 건강의 정도, 개인
환경을 기준으로 판단하여야 한다. 연구자는 아동이 연구에 참여
함으로써 입게 될 심신의 피해가 전혀 없거나, 있어도 이를 최소화
할 수 있도록 최선을 다하여야 한다. 아동이 연구에 참여함으로써
다소라도 심신의 피해를 입을 수 있다고 판단될 경우 연구의 설계
를 개선시키는 방법에 대해 동료전문가의 자문을 구하여야 한다.
아동의 피해가 불가피하다고 판단될 경우 다른 방법으로 연구자료
를 수집하거나 연구자체를 포기해야 한다.

② 아동의 동의를 받아야 한다.

연구자는 아동에게 연구 참여에 대한 동의를 얻어야 한다. 이를 위해 연구자는 첫째, 연구의 목적, 참여방법 및 기간, 둘째, 참여는 자발적이라는 점, 셋째, 연구에 참여함으로써 발생할 수 있는 모든 피해, 넷째, 연구에 참여함으로써 얻는 이익, 다섯째, 익명성과 비밀의 보장, 여섯째, 어떤 불이익도 없이 언제든 참여를 중지할 수 있다는 점, 일곱째, 연구와 관련하여 접촉할 인물의 신상정보 등에 대해 아동에게 설명해 주어야 한다. 설명의 내용은 추상적인 용어나 전문적인 표현을 사용하지 않고 아동의 발달수준에 맞게 구체적이고 평이하여 아동이 쉽게 이해할 수 있어야 한다. 참여의사를 묻는 연구자에게 아동이 구두로 동의하도록 해야 하며, 이 과정에 참여한 목격자의 서면동의를 받아야 한다. 단 자유롭게 읽고 쓰기를 할 수 있는 연령의 아동에게는 서면동의를 받을 수 있다.

③ 부모의 서면동의를 받아야 한다.

연구자는 아동의 보호자인 부모에게 서면동의를 받아야 한다. 서면동의서에는 위 항에 제시된 내용이 포함되어 부모가 연구의 목적과 방법 및 아동에게 미치는 결과에 대해 판단할 수 있어야 한다. 서면동의서의 진술형태는 아동이나 부모를 주어로 하여 '나는 … 를 이해하고' 등의 표현 대신 연구책임자를 주어로 하여 '연구자는… 라고 설명하였으며' 등의 표현으로 되어 있어야 한다. 아동의 참여에 대한 물질적, 금전적 보상이 있을 경우 이 내용은 서면동의서 외에 별도 용지에 제시되어야 한다. 아동의 목소리를 녹음하거나 모습을 영상에 담고자 할 경우에는 서면동의서에 이에 대한 내용이 포함되어 있어야 한다.

④ 아동을 보호하고 있는 기관이 있다면 기관장의 서면동의를 받아야 한다.

아동을 보호하고 있는 기관(보육시설, 유치원, 학교 등)을 통하여 아동을 참여시키려 할 때는 소속 기관장의 서면동의를 받아야 한다. 교사를 통하여 아동의 신상정보나 개인기록을 얻고자 할 때에는 교사에게도 서면동의를 받는 것이 좋다.

⑤ 아동의 신상정보에 대한 익명성이 보장되어야 한다.

연구자는 연구의 과정에서 얻게 된 아동의 모든 신상정보에 대해 익명성을 유지하여야 한다. 아울러 아동의 소속 기관장이나 교사가 아동의 기록을 제공하였을 경우 연구자는 아동의 신상정보를 허락 받은 범위 내에서만 사용하여야 한다.

⑥ 연구 참여에 대한 물질적 보상은 공정하고 신중하게 이루어져야 한다.

아동이나 부모에게 연구 참여에 대한 보상을 할 경우에는 이것이 참여 여부에 대한 자발적인 결정에 영향을 미치지 않도록 최선을 다하여야 한다. 부모에게 보상을 할 경우 부모가 이 때문에 아동의 참여를 결정하는 데 영향을 받지 않도록 해야 한다. 보상을 할 경우에는 보상에 대한 설명과 연구에 참여함으로써 얻게 되는 불이익이나 불편 혹은 피해 등을 함께 설명해 주어야 한다. 또한 언제든지 참여를 중지하여도 보상의 철회나 불이익을 받게 되지 않을 것이라는 점을 설명해 주어야 한다. 보상은 되도록 부모보다는 아동에게 주도록 하고, 아동에게 보상을 할 경우에는 아동이 일상적으로 경험하는 액수를 넘지 않도록 하여야 하며, 가능한 금전보다는 아동용 교재 교구나 학용품 등으로 주는 것이 좋다.

⑦ 아동을 속여야 한다면 나중에 이에 대해 알려 주어야 한다.

연구설계상 불가피하게 아동을 속여야 하는 경우에는 자료의 수집 후 아동에게 이를 설명해 줌으로써 아동이 입게 될지도 모르는 심리적 피해를 예방해 주어야 한다. 나이가 어려서 이를 잘 이해할 수 없는 아동에게는 가능한 구체적이고 자세하게 알려 주어야 한다. 아동에게 설명해 주지 않는 것이 부정적 결과를 초래하지 않거나 오히려 낫다고 판단될 때에는 이에 대하여 동료전문가의 자문과 동의를 얻어야 한다.

⑧ 아동이 연구의 목적이나 결과에 대해 바르게 이해할 수 있도록 설명해 주어야 한다.

자료의 수집 후 연구자는 아동이 연구의 목적이나 과정 및 결과에 대해 의문이나 오해가 있을 경우 이에 대해 자세히 설명해 주어야 한다. 설명의 내용은 아동의 발달수준과 이해의 정도를 고려하여 구체적이고 평이해야 하며 설명과정과 절차는 친절하고 사려 깊게 이루어져야 한다.

⑨ 수집된 자료에 대한 개인적 정보는 고의로 유출하지 않아야 한다.

연구자는 연구과정에서 얻어진 아동의 개인적 정보가 부모, 또래 및 소속기관(보육시설, 유치원, 학교) 및 공공에 알려지지 않도록 비밀을 보장해 주어야 한다. 연구자는 이를 위해 데이터의 처리 및 관리, 연구결과의 보고 과정에서 개인적 정보가 노출되지 않도록 최선을 다하여야 한다. 아울러 연구결과에 대해 동료나 학생과 논의할 때에도 아동의 개인적 정보에 대한 비밀을 지키도록 노력하여야 한다.

⑩ 연구결과는 과학적으로 정확하게 발표되어야 하고 결과의 해
  석은 신중해야 한다.

연구자는 수집된 자료가 조작되거나 왜곡되지 않고 과학적으로
처리되며 연구결과가 정확하게 발표되도록 노력해야 한다. 아울러
결과에 대한 해석은 편파적이지 않고 공정해야 한다. 만약 발표된
자료에 중대한 오류가 있다는 것이 밝혀지면 이를 시정하기 위해
모든 노력을 기울여야 한다. 연구결과를 발표할 때에는 연구가 내
포하고 있는 정치적·사회적 함의를 충분히 고려해 보아야 한다.
하지만 동시에 이러한 원칙이 어떤 영역이든 과학적인 절차에 의
해 탐구될 수 있다는 연구자 본연의 권리를 거스르지 않아야 한다.

4. 결 론

지금까지 연구대상자의 권익을 보호할 수 있는 제도적 절차와
규정 및 윤리강령 등에 대해 살펴보고, 이를 토대로 아동을 대상으
로 하는 연구에서 지켜야 할 윤리기준 안(案)을 제시하여 보았다.
연구대상자의 권익을 보호하는 문제는 연구대상자가 판단능력이
미숙한 아동일 경우 더욱 절실하다. 그러므로 연구에 참여하는 아
동에게 미치는 불이익이 없거나 최소화될 수 있도록 아동전문가들
(학자, 연구자, 교육자)의 모든 노력이 경주되어야 한다. 이를 위해
무엇보다 대학과 학회 등의 전문기관을 중심으로 윤리기준에 대한
체계적이고 폭넓은 교육이 이루어지고, 학위논문의 작성과정에서
윤리기준을 준수하도록 훈련시킬 필요가 있다. 이를 통해 학문세
계에 새롭게 진출하는 후학들이 연구과정에서 아동의 권익을 보호

하는 것의 중요성과 구체적인 방법 및 절차를 체계적으로 배우게 되면 점차 아동 연구에 있어서의 윤리기준을 지키려는 노력이 확산될 것이다.

이 장에서는 아동 연구에 있어서 연구대상자의 권익을 보호하는 기준과 방법을 중심으로 윤리기준을 다루어 보았다. 윤리기준에는 이외에도 연구자의 정직성과 전문성을 지켜야 하는 측면, 동료 연구자와 학생에게 공정하고 전문적인 태도로 임해야 하는 측면, 아동 상담 및 치료과정에서 아동과 가족의 권익을 지켜 주어야 하는 측면 등이 있다. 향후 연구에서는 아동전문가의 다양한 역할을 수행함에 있어 지켜야 하는 '연구자 윤리기준'에 대해서도 살펴볼 필요가 있을 것이다.

참고문헌

DHHS (2003). www.research.psu.edu/orp/hum/guide/I.html.

OHRP (2003). http://ohrp.osohps.dhhs.gov/index/html.

IRB guidebook (2003). http://ohrp.osophs.dhhs.gov/irb/irb_guidebook.htm

45 CFR 46. (2003). http://ohrp.osophs.dhhs.gov/humansubjects/guidance/45cfr46.htm.

Duke University (2003). Office of Research Support, Policies Governing Research. http://www.ors.duke.edu/policies/

list.htm.

Indiana University (2003). Office of Research and the University Graduate School Research Policies. http://www.indiana.edu/~rugs/respol/index.html.

Michigan State University (2003). Office of the Vice President for Research and Graduate Studies, Research. www.msu.edu/unit/vprgs.

Northwestern University (2003). Office of the Vice President for Research, Research Related Policies and Guidelines. http://www.msu.edu/unit/vprgs.

The Pennsylvania State University (2003). Office of the Vice President for Research, Policies and Procedures. http://www.research.psu.edu/pp.

University of Chicago (2003). Human Subjects. http://www.humansubjects.uchicago.edu.

University of Illinois-Champaign/Urbana (2003). Vice Chancellor for Research and Dean of the Graduate College, Policies. http://www.uiuc.edu/unit/vcres/policies.html.

University of Michigan (2003). Research, Scholarship and Creative Activity. http://www.research.umich.edu

University of Minnesota (2003). Policies, Procedures and Guidelines Related to Research. http://www.ospa.umn.edu/policiesmanuals & education/policies/respolcy.htm.

University of Wisconsin (2003). Research and Sponsored Programs, Research Policies and Guidelines. http://www.rsp.wisc.edu/html/policies.html.

APA (2003). http://apa/org.

SRCD (2003). http://srcd/org.

Hurley, J. C., & Underwood, M. K. (2002). Children's understanding of their research rights before and after debriefing : Informed consent, confidentiality, and stopping participation. *Child Development, 73*(1), 132-143.

Wendeler, D., Rackoff, J. E., Emanuel, E. J., & Grady, C. (2002). The ethics of paying for children's participation in research. *The Journal of Pediatrics, 141*(2), 166-171.

부록

238   *** 부록

WORLD MEDICAL ASSOCIATION DECLARATION OF HELSINKI

Ethical Principles for Medical Research Involving Human Subjects

Adopted by the 18th WMA General Assembly
Helsinki, Finland, June 1964
and amended by the
29th WMA General Assembly, Tokyo, Japan, October 1975
35th WMA General Assembly, Venice, Italy, October 1983
41st WMA General Assembly, Hong Kong, September 1989
48th WMA General Assembly, Somerset West, Republic of South Africa, October 1996
and the
52nd WMA General Assembly, Edinburgh, Scotland, October 2000

A. INTRODUCTION

1. The World Medical Association has developed the Declaration of Helsinki as a statement of ethical principles to provide guidance to physicians and other participants in medical research involving human subjects. Medical research involving human subjects includes research on identifiable human material or identifiable data.

2. It is the duty of the physician to promote and safeguard the health of the people. The physician's knowledge and conscience are dedicated to the fulfillment of this duty.

3. The Declaration of Geneva of the World Medical Association binds the physician with the words, "The health of my patient will be my first consideration," and the International Code of Medical Ethics declares that, "A physician shall act only in the patient's interest when providing medical care which might have the effect of weakening the physical and mental condition

헬싱키 선언

인간을 대상으로 하는 의학연구에 있어서의 윤리원칙

세계의학협회 18차 전체 회의
Finland, Helsinki, 1964, 6. 채택
그리고
세계의학협회 29차 전체 의회, Japan, Tokyo. 1975, 10.
세계의학협회 35차 전체 의회, Italy, Venice. 1983, 10.
세계의학협회 41차 전체 의회, Hong Kong. 1989, 9.
세계의학협회 48차 전체 의회, Republic of South Africa, Somerset West. 1996, 10.
그리고
세계의학협회 52차 전체 의회, Scotland, Edinburgh. 2000, 10 수정

A. 머리말

1. 세계의학회의는 헬싱키 선언을 통해 인체를 이용한 의학 연구에 관여
하는 의사 및 연구자들이 지침으로 삼을 윤리원칙을 제시해 왔다. 인체
를 이용한 의학 연구란 확인 동정이 가능한 인체 시료나 자료에 관한
연구를 포함한다.

2. 인류의 건강을 증진시키고 보호하는 것은 의사의 의무다. 의사의 지식
과 양심은 이러한 의무를 다하기 위해 바쳐져야 한다.

3. 세계의학회의 「제네바선언」은 '환자의 건강을 나의 첫째가는 관심사
로 여길 것이다' 라는 말로 의사의 의무를 촉구하고 있으며, 또 「의료윤
리에 관한 국제협약」은 '환자의 신체 및 정신 상태를 약화시킬지도 모
를 치료법을 시술할 때, 의사는 오직 환자의 이익만을 고려하여 실시해
야 한다' 고 선언하고 있다.

of the patient."

4. Medical progress is based on research which ultimately must rest in part on experimentation involving human subjects.

5. In medical research on human subjects, considerations related to the well-being of the human subject should take precedence over the interests of science and society.

6. The primary purpose of medical research involving human subjects is to improve prophylactic, diagnostic and therapeutic procedures and the understanding of the aetiology and pathogenesis of disease. Even the best proven prophylactic, diagnostic, and therapeutic methods must continuously be challenged through research for their effectiveness, efficiency, accessibility and quality.

7. In current medical practice and in medical research, most prophylactic, diagnostic and therapeutic procedures involve risks and burdens.

8. Medical research is subject to ethical standards that promote respect for all human beings and protect their health and rights. Some research populations are vulnerable and need special protection. The particular needs of the economically and medically disadvantaged must be recognized. Special attention is also required for those who cannot give or refuse consent for themselves, for those who may be subject to giving consent under duress, for those who will not benefit personally from the research and for those for whom the research is combined with care.

9. Research Investigators should be aware of the ethical, legal and regulatory requirements for research on human subjects in their

4. 의학의 발전은 궁극적으로 인체를 이용한 실험에 일부분 그 근거를 두고 이루어진다.

5. 인체를 이용한 의학 연구에 있어서 피험자의 복지에 대한 고려가 과학적, 사회적인 면의 이익 보다 우선시되어야 한다.

6. 인체를 이용한 의학 연구의 주된 목적은 예방, 진단 및 치료법의 향상과 질병의 원인 및 발생 과정에 대한 이해를 증진시키는 데 있다. 잘 알려진 예방, 진단 및 치료법이라 할지라도 그 효과와 효능, 유용성 및 질에 대한 지속적인 연구가 행해져야 한다.

7. 현재 행해지고 있는 대부분의 의료와 의학 연구는 예방, 진단 및 치료법들에 있어서 여러 가지 위험과 부담을 수반한다.

8. 의학 연구는 전 인류에 대한 존중심을 증진시키고 인류의 건강과 권리를 보호한다는 윤리기준에 적합해야 한다. 일부 실험군은 위험에 노출될 수 있으므로 특별한 보호 조치가 필요하다. 경제적, 의학적으로 불우한 처지에 있는 피험자가 특히 필요로 하는 것들을 인식하고 있어야 한다. 스스로 동의서를 승인 또는 거부할 능력이 없거나 강제된 상황에서 동의했을 가능성이 있는 경우, 또는 연구를 통해 아무런 개인적 이익이 없거나 연구와 치료가 병행되는 피험자에 대해서는 특별한 주의가 필요하다.

9. 연구자들은 인체를 이용한 연구를 할 때 국제적 요구와 더불어 각기 자신의 나라에서의 윤리적, 법적 요구와 규제 사항을 숙지하고 있어야 한다.

own countries as well as applicable international requirements. No national ethical, legal or regulatory requirement should be allowed to reduce or eliminate any of the protections for human subjects set forth in this Declaration.

B. BASIC PRINCIPLES FOR ALL MEDICAL RESEARCH

10. It is the duty of the physician in medical research to protect the life, health, privacy, and dignity of the human subject.

11. Medical research involving human subjects must conform to generally accepted scientific principles, be based on a thorough knowledge of the scientific literature, other relevant sources of information, and on adequate laboratory and, where appropriate, animal experimentation.

12. Appropriate caution must be exercised in the conduct of research which may affect the environment, and the welfare of animals used for research must be respected.

13. The design and performance of each experimental procedure involving human subjects should be clearly formulated in an experimental protocol. This protocol should be submitted for consideration, comment, guidance, and where appropriate, approval to a specially appointed ethical review committee, which must be independent of the investigator, the sponsor or any other kind of undue influence. This independent committee should be in conformity with the laws and regulations of the country in which the research experiment is performed. The committee has the right to monitor ongoing trials. The researcher has the obligation to provide monitoring information to the committee, especially any serious adverse events. The researcher should also submit to the committee, for

그러나 그 어떤 국가의 윤리적, 법적 요구와 규제 사항도 피험자의 보호를 위해 이 선언문에서 제시된 사항을 축소하거나 배제할 수는 없다.

B. 모든 의학 연구에 관한 기본 원칙

10. 의학 연구에 있어서 피험자의 생명, 건강, 사생활, 존엄성을 보호하는 것은 의사의 의무다.

11. 인체를 이용한 의학 연구는 일반적으로 공인된 과학적 원칙에 따라야 하고, 과학 문헌과 그 외 관련된 정보를 통한 충분한 지식이 바탕이 되어야 하며, 적절한 실험실적, 그리고 가능한 경우 동물 실험 결과가 근거가 되어야 한다.

12. 환경에 영향을 끼칠지도 모르는 연구를 수행하는 데 있어서는 적절한 주의가 요구되며, 실험에 사용하는 동물의 복지가 고려되어야 한다.

13. 인체를 이용한 각 실험과정의 계획과 수행은 연구 계획서에 분명히 문서화되어야 한다. 이 임상시험 계획서는 심의, 조언, 지도 혹은 필요한 경우 승인을 위해 특별히 구성된 임상시험심사 위원회에 제출되어야 한다. 이 위원회는 시험자, 의뢰자, 또는 다른 어떤 종류의 부당한 영향력을 끼칠 후 있는 자로부터도 독립적이어야 한다. 이 독립적 위원회는 시험이 수행되는 나라의 법과 규제 사항을 따라야 하며 실험이 진행되는 과정을 조사할 권리가 있다. 시험자는 위원회에 조사 정보, 특히 모든 심각한 이상반응에 대해서 보고할 의무가 있다. 시험자는 또한 심의를 위해 위원회에 기금, 후원자, 관계 기관 그리고 다른 이해관계와 피험자 급여에 관한 모든 잠재적 분쟁에 대해서도 보고해야 한다.

review, information regarding funding, sponsors, institutional affiliations, other potential conflicts of interest and incentives for subjects.

14. The research protocol should always contain a statement of the ethical considerations involved and should indicate that there is compliance with the principles enunciated in this Declaration.

15. Medical research involving human subjects should be conducted only by scientifically qualified persons and under the supervision of a clinically competent medical person. The responsibility for the human subject must always rest with a medically qualified person and never rest on the subject of the research, even though the subject has given consent.

16. Every medical research project involving human subjects should be preceded by careful assessment of predictable risks and burdens in comparison with foreseeable benefits to the subject or to others. This does not preclude the participation of healthy volunteers in medical research. The design of all studies should be publicly available.

17. Physicians should abstain from engaging in research projects involving human subjects unless they are confident that the risks involved have been adequately assessed and can be satisfactorily managed. Physicians should cease any investigation if the risks are found to outweigh the potential benefits or if there is conclusive proof of positive and beneficial results.

18. Medical research involving human subjects should only be conducted if the importance of the objective outweighs the inherent risks and burdens to the subject. This is especially important when the human subjects are healthy volunteers.

14. 임상시험 계획서에는 항상 윤리적 고려를 하였다는 사실이 포함되어야 하며 또한 이 헬싱키 선언에서 명시된 원칙에 따랐음을 밝혀야 한다.

15. 인체를 이용한 생체의학 시험은 유능한 임상의의 감독하에 유자격 과학자에 의해서만 실시될 수 있다. 인체를 이용한 연구에 책임은 유자격 의학자에게 있는 것이지 비록 피험자가 동의하였다 하더라도 피험자에게 있는 것은 결코 아니다.

16. 인체를 이용한 모든 의학 연구는 피험자나 다른 이들에게 미칠 예상 가능한 모든 이익과 위험 및 부담을 세심히 비교 검토한 후에 진행시켜야 한다. 그러나 건강한 지원자가 의학 연구에 참여하는 것을 배제하지는 않는다. 모든 임상시험 계획은 공개적이어야 한다.

17. 의사는 인체를 이용하는 시험을 할 때 그 위험성이 적절히 검토되고 충분히 관리될 수 있다고 확신할 때에만 시험에 착수해야 한다. 잠재적 이익보다 위험이 더 크다고 판단되거나 긍정적이고 이익이 되는 결과에 대한 결정적 증거가 있을 경우엔 그 시험을 중단해야 한다.

18. 인체를 이용한 의학 시험은 그 중요성이 피험자가 받을 위험과 부담보다 월등할 때에만 수행되어야 한다. 이는 피험자가 건강한 지원자일 경우 특히 중요한 사항이다.

19. Medical research is only justified if there is a reasonable likelihood that the populations in which the research is carried out stand to benefit from the results of the research.

20. The subjects must be volunteers and informed participants in the research project.

21. The right of research subjects to safeguard their integrity must always be respected. Every precaution should be taken to respect the privacy of the subject, the confidentiality of the patient's information and to minimize the impact of the study on the subject's physical and mental integrity and on the personality of the subject.

22. In any research on human beings, each potential subject must be adequately informed of the aims, methods, sources of funding, any possible conflicts of interest, institutional affiliations of the researcher, the anticipated benefits and potential risks of the study and the discomfort it may entail. The subject should be informed of the right to abstain from participation in the study or to withdraw consent to participate at any time without reprisal. After ensuring that the subject has understood the information, the physician should then obtain the subject's freely-given informed consent, preferably in writing. If the consent cannot be obtained in writing, the non-written consent must be formally documented and witnessed.

23. When obtaining informed consent for the research project the physician should be particularly cautious if the subject is in a dependent relationship with the physician or may consent under duress. In that case the informed consent should be obtained by a well-informed physician who is not engaged in the investigation and who is completely independent of this relationship.

19. 의학 시험은 시험의 결과로써 그 시험이 행해지는 집단이 이익을 얻는다는 타당한 가능성이 있을 때에만 정당화될 수 있다.

20. 피험자는 반드시 지원자이어야 하고 시험에 참여됨을 알아야 한다.

21. 자기 자신의 안전을 지키기 위한 피험자의 권리는 존중되어져야 한다. 피험자의 사생활을 지키고 개인 정보의 비밀을 보장하며 시험으로 오는 육체적 정신적 충격과 인격에 미치는 영향을 줄이기 위한 모든 주의가 기울여져야 한다.

22. 인체를 이용하는 시험에 있어서는 그 시험 자체의 목적과 방법, 기금의 출처, 모든 가능한 이해 분쟁, 시험자가 속한 기관, 예견되는 이익과 내재하는 위험성, 그리고 그에 따르는 고통 등에 관하여 피험자에게 사전에 충분히 알려주어야 한다. 또한 피험자에게는 언제든지 아무런 불이익 없이 시험 참여를 그만 둘 자유가 있다는 것을 알려주어야 하고 또 언제든지 그 동의를 철회할 자유가 있음을 주지시켜야 한다. 의사는 피험자가 모든 사항을 이해했음을 확인한 뒤에 피험자의 자유의사에 의한 시험 동의를 가능하면 문서화하여 얻어야 한다. 만일 동의서를 문서화하여 얻을 수 없다면 증인 입회하에 구두로 동의를 얻어 정식 서류화해야 한다.

23. 시험 수행에 대한 동의를 얻을 때 의사는 피험자가 자기에게 어떤 기대를 거는 관계가 아닌지 또는 그 동의가 어떤 강제된 상황에서 이루어진 것은 아닌지에 대하여 특별한 주의를 기울일 필요가 있다. 만일 그러한 경우라면 동의는 그 연구에 참여하지 않고 피험자와 아무런 관계가 없으며 연구에 대한 모든 정보를 알고 있는 의사가 얻도록 하여야 한다.

24. For a research subject who is legally incompetent, physically or mentally incapable of giving consent or is a legally incompetent minor, the investigator must obtain informed consent from the legally authorized representative in accordance with applicable law. These groups should not be included in research unless the research is necessary to promote the health of the population represented and this research cannot instead be performed on legally competent persons.

25. When a subject deemed legally incompetent, such as a minor child, is able to give assent to decisions about participation in research, the investigator must obtain that assent in addition to the consent of the legally authorized representative.

26. Research on individuals from whom it is not possible to obtain consent, including proxy or advance consent, should be done only if the physical/mental condition that prevents obtaining informed consent is a necessary characteristic of the research population. The specific reasons for involving research subjects with a condition that renders them unable to give informed consent should be stated in the experimental protocol for consideration and approval of the review committee. The protocol should state that consent to remain in the research should be obtained as soon as possible from the individual or a legally authorized surrogate.

27. Both authors and publishers have ethical obligations. In publication of the results of research, the investigators are obliged to preserve the accuracy of the results. Negative as well as positive results should be published or otherwise publicly available. Sources of funding, institutional affiliations and any possible conflicts of interest should be declared in the publication. Reports of experimentation not in accordance with the principles laid down in this Declaration should not be

24. 피험자가 법적 금치산자이거나 육체적 또는 정신적 무능력자로 직접 동의를 얻을 수 없을 때, 또는 미성년자일 때는 법에 따라 그 권한을 대행할 수 있는 친족의 동의를 얻어야 한다. 이런 집단의 경우 시험이 그 시험 집단의 건강 증진에 필요한 경우 또는 법적 자격이 있는 이들에게 행해질 수 없는 경우가 아니면 연구대상이 되어서는 안 된다.

25. 미성년자의 경우처럼 법적 능력이 없는 것으로 간주되나 사실상 시험 참여 의사를 밝힐 수 있는 경우 시험자는 법적 권한을 대행할 수 있는 친족의 동의와 더불어 본인의 동의도 함께 얻어야 한다.

26. 대리 동의와 사전 동의를 포함하여 동의서를 받을 수 없는 개인에 대한 시험은 동의서를 받을 수 없는 육체적/정신적 상황이 실험에 필요 사항일 경우에만 행해져야 한다. 동의를 받을 수 없는 상황에 있는 피험자를 시험 대상으로 하는 이유에 대해서는 심사 위원회의 심사와 승인을 위해 제출된 임상시험 계획서에 명시되어야 한다. 계획서에는 각 개인이나 법적 대리인으로부터 시험에 계속 참여한다는 동의를 가능한 빨리 받아야 함도 명시해야 한다.

27. 저자와 출판업자 모두에게는 윤리적 책임이 있다. 연구결과를 잡지에 발표할 때 시험자는 정확성을 기해야 한다. 긍정적 결과뿐만 아니라 부정적 결과 역시 잡지에 발표되거나 공개되어야 한다. 기금의 출처, 관계 기관 그리고 모든 가능한 이해 분쟁도 잡지 발표시에 공표되어야 한다. 이 선언에서 규정된 원칙에 어긋나는 시험은 잡지 게재가 수락되지 않아야 한다.

accepted for publication.

C. ADDITIONAL PRINCIPLES FOR MEDICAL RESEARCH
COMBINED WITH MEDICAL CARE

28. The physician may combine medical research with medical care, only to the extent that the research is justified by its potential prophylactic, diagnostic or therapeutic value. When medical research is combined with medical care, additional standards apply to protect the patients who are research subjects.

29. The benefits, risks, burdens and effectiveness of a new method should be tested against those of the best current prophylactic, diagnostic, and therapeutic methods. This does not exclude the use of placebo, or no treatment, in studies where no proven prophylactic, diagnostic or therapeutic method exists.

30. At the conclusion of the study, every patient entered into the study should be assured of access to the best proven prophylactic, diagnostic and therapeutic methods identified by the study.

31. The physician should fully inform the patient which aspects of the care are related to the research. The refusal of a patient to participate in a study must never interfere with the patient-physician relationship.

32. In the treatment of a patient, where proven prophylactic, diagnostic and therapeutic methods do not exist or have been ineffective, the physician, with informed consent from the patient, must be free to use unproven or new prophylactic, diagnostic and therapeutic measures, if in the physician's

C. 치료를 겸한 의학 연구에 관한 부가 원칙

28. 의사는 그 시험이 누가 보아도 질병의 예방, 진단 및 치료에 도움이 된다고 인정되는 범위 내에서만 진료를 겸한 의학 시험을 할 수 있다. 진료를 겸한 의학 시험을 할 때에는 피험자가 되는 환자를 보호하기 위한 부가 규정을 따라야 한다.

29. 새로운 방법을 채택할 때 얻어질 수 있는 이익과 위험, 부담 그리고 효과 등은 현재 적용하고 있는 가장 좋은 예방, 진단 및 치료법과 잘 비교되어야 한다. 이 사항은 알려진 예방, 진단 및 치료법이 없는 경우에 위약을 사용하거나 아무 처치를 하지 않는 경우에도 해당된다.

30. 시험의 결론 단계에 있어서, 시험에 참여한 모든 환자는 그 연구를 통해 가장 좋은 예방, 진단 및 치료법에 접근했음을 확신할 수 있어야 한다.

31. 의사는 환자에게 행해지는 치료 중 어떤 부분이 시험과 관계되는지를 충분히 알려줘야 한다. 환자가 시험에 참여하는 것을 거절하였다 하여 의사와 환자와의 관계에 지장이 생겨서는 안 된다.

32. 환자를 치료함에 있어 알려진 예방, 진단 및 치료법이 없거나 효과적이지 않은 경우, 그것이 생명을 구하고 건강을 증진시키며 고통을 경감시키는 데 도움이 된다고 판단될 경우 의사는 환자의 동의하에 증명되지 않았거나 새로운 예방, 진단 및 치료법을 자유로이 사용할 수 있어야 한다. 가능하면 이 새로운 방법들은 시험 대상이 되어야 하며

judgement it offers hope of saving life, re-establishing health or alleviating suffering. Where possible, these measures should be made the object of research, designed to evaluate their safety and efficacy. In all cases, new information should be recorded and, where appropriate, published. The other relevant guidelines of this Declaration should be followed.

출처 : http://www.koreabioethics.net/code/code11.htm(2005. 3. 10)

THE NUREMBERG CODE

1. The voluntary consent of the human subject is absolutely essential.

   This means that the person involved should have legal capacity to give consent; should be so situated as to be able to exercise free power of choice, without the intervention of any element of force, fraud, deceit, duress, over-reaching, or other ulterior form of constraint or coercion; and should have sufficient knowledge and comprehension of the elements of the subject matter involved as to enable him to make an understanding and enlightened decision. This latter element requires that before the acceptance of an affirmative decision by the experimental subject there should be made known to him the nature, duration, and purpose of the experiment; the method and means by which it is to be conducted; all inconveniences and hazards reasonably to be expected; and the effects upon his health or person which may possibly come from his participation in the experiment. The duty and responsibility for ascertaining the quality of the consent rests upon each individual who initiates, directs or engages in the experiment. It is a personal duty and responsibility which may not be delegated to another with

그 안전성과 유효성을 밝힐 수 있도록 계획되어져야 한다. 모든 경우에 있어서 새로운 정보는 기록으로 남겨져야 하며 가능하면 논문으로 발표되어야 한다. 그 외 이 선언문에서 제시한 다른 관계 지침들도 따라야 한다.

출처 : http://www.koreabioethics.net/code/code11.htm(2005. 3. 10)

뉴렌버그 코드

1. 참가자의 자발적 동의가 필수적이다.

　이 말은 연구대상자가 동의서를 줄 합법적 능력을 가지고 있어야 한다는 것, 연구대상자는 어떠한 강요, 사기, 속임수, 억압, 다른 속셈이 있는 유혹이 없이 연구 참여여부를 선택할 자유로운 의지를 행사할 수 있는 상황이어야 한다는 것, 그리고 이러한 결정을 내리기 위해 연구과정과 절차에 대한 지식을 가지고 이에 대해 충분히 이해하고 있어야 한다는 것을 의미한다.

impunity.

2. The experiment should be such as to yield fruitful results for the good of society, unprocurable by other methods or means of study, and not random and unnecessary in nature.

3. The experiment should be so designed and based on the results of animal experimentation and a knowledge of the natural history of the disease or other problem under study that the anticipated results will justify the performance of the experiment.

4. The experiment should be so conducted as to avoid all unnecessary physical and mental suffering and injury.

5. No experiment should be conducted where there is an a priori reason to believe that death or disabling injury will occur; except, perhaps, in those experiments where the experimental physicians also serve as subjects.

6. The degree of risk to be taken should never exceed that determined by the humanitarian importance of the problem to be solved by the experiment.

7. Proper preparations should be made and adequate facilities provided to protect the experimental subject against even remote possibilities of injury, disability, or death.

8. The experiment should be conducted only by scientifically qualified persons. The highest degree of skill and care should be required through all stages of the experiment of those who conduct or engage in the experiment.

9. During the course of the experiment the human subject should

2. 실험으로부터 얻어진 결과는 반드시 사회적으로 유익하고, 그 결과는 어떤 다른 방법으로도 얻어질 수 없다.

3. 연구는 동물실험의 결과와 질병의 자연 경과에 관한 지식을 기반으로 하여야 하며, 기대되는 결과는 실험의 수행을 정당화할 수 있어야 한다.

4. 실험 경과 중에 모든 불필요한 신체적 및 정신적 손상이나 고통은 피해야 한다.

5. 연구하는 의사도 연구대상자로 참여할 때를 제외하고, 만일 사망이나 영구적 손상이 예상된다면 어떠한 실험도 시행해서는 안 된다.

6. 위험의 정도는 제기되는 문제의 인간적 중요성을 넘지 않아야 한다.

7. 사망이나 손상으로부터 대상자를 보호하기 위해 적절한 장치와 준비가 필요하다.

8. 오직 과학적으로 자격을 갖춘 자에 의해서만 실험이 수행되어야 한다.

9. 참여자는 자신이 계속 참여하는 것이 불가능하다고 생각하는 어느 때

be at liberty to bring the experiment to an end if he has reached
the physical or mental state where continuation of the
experiment seemed to him to be impossible.

10. During the course of the experiment the scientist in charge
    must be prepared to terminate the experiment at any stage, if
    he has probably [sic] cause to believe, in the exercise of the
    good faith, superior skill and careful judgment required of him
    that a continuation of the experiment is likely to result in
    injury, disability, or death to the experimental subject.

출처 : http://www.hhs.gov/ohrp/irb/irb_appendices.htm(2005. 3. 10)

Ethical Standards for Research with Children

The principles listed below were published in the 1990-91 Directory,
except for Principles 15 and 16, first published in the Fall 1991
Newsletter.

Principle 1. NON-HARMFUL PROCEDURES: The investigator
should use no research procedure that may harm the
child either physically or psychologically. The
investigator is also obligated at all times to use the least
stressful research procedure whenever possible.
Psychological harm in particular instances may be
difficult to define; nevertheless, its definition and
means for reducing or eliminating it remain the
responsibility of the investigator. When the investigator
is in doubt about the possible harmful effects of the
research procedures, consultation should be sought
from others. When harm seems inevitable, the

라도 참여를 중단할 권리를 가진다.

10. 책임을 맡은 과학자는 만일 실험을 지속하면 참여한 대상자들이 손
    상, 영구 장애, 사망을 초래할 수 있다고 생각되는 가능성이 발견되면
    실험 중단을 준비하여야 한다.

출처 : http://www.hhs.gov/ohrp/irb/irb_appendices.htm(2005. 3. 10)

아동 연구를 위한 윤리기준

다음 원칙들은 「1990-91 Directory」에 발표된 것으로 원칙 15와 원칙 16
을 제외하고는 모두 1991년 가을 뉴스레터에 처음 발표된 것과 동일하다.

원칙 1. 무해한 과정 : 연구자는 아동에게 신체적, 심리적으로 해를 끼칠
      수 있는 연구과정을 사용하지 말아야 한다. 또한 연구자는 항상
      연구과정에서 발생하는 스트레스가 최소가 되도록 최선을 다해
      노력해야 한다. 어떤 경우에는 심리적 피해를 명확하게 규명하기
      가 어려울지도 모른다. 그럼에도 불구하고 이를 규명하고, 이를
      없애거나 줄일 방법을 강구하는 것은 온전히 연구자의 책임이다.
      연구과정에서 나타날 수도 있는 피해에 대해 연구자가 조금이라
      도 의혹을 갖게 될 경우 연구자는 이에 대해 다른 사람들에게 자
      문을 구하여야 한다. 피해가 불가피하다고 판단될 경우 연구자는
      연구를 포기하거나 다른 방법으로 자기가 추구하는 정보를 구해
      야 할 의무가 있다. 그럼에도 불구하고 연구과정에 아동에게 도움
      이 되는 진단이나 치료의 목적이 연루되어 있을 경우에는 아동을

investigator is obligated to find other means of obtaining the information or to abandon the research. Instances may, nevertheless, rise in which exposing the child to stressful conditions may be necessary if diagnostic or therapeutic benefits to the child are associated with the research. In such instances careful deliberation by an Institutional Review Board should be sought.

Principle 2. INFORMED CONSENT: Before seeking consent or assent from the child, the investigator should inform the child of all features of the research that may affect his or her willingness to participate and should answer the child's questions in terms appropriate to the child's comprehension. The investigator should respect the child's freedom to choose to participate in the research or not by giving the child the opportunity to give or not give assent to participation as well as to choose to discontinue participation at any time. Assent means that the child shows some form of agreement to participate without necessarily comprehending the full significance of the research necessary to give informed consent. Investigators working with infants should take special effort to explain the research procedures to the parents and be especially sensitive to any indicators of discomfort in the infant. In spite of the paramount importance of obtaining consent, instances can arise in which consent or any kind of contact with the participant would make the research impossible to carry out. Non-intrusive field research is a common example. Conceivably, such research can be carried out ethically if it is conducted in public places, participants' anonymity is totally protected, and there are no foreseeable negative consequences to the

부득이 스트레스가 있는 조건에 노출시킬 수도 있다. 그럴 경우에
는 IRB의 자문을 구하도록 한다.

원칙 2. 자발적 동의 : 아동에게 동의를 구하기 전에 연구자는 아동이 연
구에 참여함으로써 받을 수 있는 모든 측면의 영향에 대해 알려주
어야 하며, 아동의 질문이 있을 경우에는 아동의 이해수준에 맞는
적절한 응답을 해주어야 한다. 연구자는 아동이 스스로 연구에 참
여할 것을 선택할 권리와 언제든지 연구 참여를 중지할 선택권을
보장하고 존중해주어야 한다. 인정(assent)이라 함은 아동이 모종
의 형태로 연구에 참여하겠다는 승낙의 표시를 보인다는 것을 의
미한다. 영아연구를 할 경우 연구자는 부모에게 연구과정을 설명
하기 위해 특별한 노력을 기울여야 하며, 영아가 나타내는 어떠한
불편함의 징후라도 감지할 수 있도록 세심하게 주의를 기울여야
한다. 동의를 구하는 것이 근본적으로 매우 중요한 일임에도 불구
하고 어떤 경우에는 동의를 구하거나 연구대상자와 접촉하는 것
이 불가능 할 경우도 있다. 자연관찰의 경우가 그 예일 것이다. 이
경우 연구과정이 공공장소에서 이루어지고, 연구 참여자의 익명
성이 보장되며, 어떠한 부정적도 결과도 없는 것으로 보일 때 연
구를 수행할 수 있다. 하지만 특정 상황에서 이렇게 연구를 하는
것이 윤리적인지 비윤리적인지의 판단은 IRB와 논의하여 이루어
져야 한다.

participant. However, judgments on whether such research is ethical in particular circumstances should be made in consultation with an Institutional Review Board.

Principle 3. PARENTAL CONSENT: The informed consent of parents, legal guardians or those who act in loco parentis (e.g., teachers, superintendents of institutions) similarly should be obtained, preferably in writing. Informed consent requires that parents or other responsible adults be informed of all the features of the research that may affect their willingness to allow the child to participate. This information should include the profession and institution affiliation of the investigator. Not only should the right of the responsible adults to refuse consent be respected, but also they should be informed that they may refuse to participate without incurring any penalty to them or to the child.

Principle 4. ADDITIONAL CONSENT: The informed consent of any persons, such as schoolteachers for example, whose interaction with the child is the subject of the study should also be obtained. As with the child and parents or guardians informed consent requires that the persons interacting with the child during the study be informed of all features of the research which may affect their willingness to participate. All questions posed by such persons should be answered and the persons should be free to choose to participate or not, and to discontinue participation at any time.

Principle 5. INCENTIVES: Incentives to participate in a research project must be fair and must not unduly exceed the

원칙 3. 부모의 동의 : 가능한 서면동의의 형태로 부모, 법적 보호자, 책임
자(예: 교사, 관리자 등)의 동의를 받아야 한다. 부모나 기타 아동
에 대해 책임 있는 성인은 아동의 연구 참여에 동의할지 여부를
결정하기 전에 그 결정에 영향을 미칠 수 있는 연구의 제반 측면
에 대해 설명을 들을 수 있어야 한다. 이러한 정보에는 연구자의
직위, 소속기관 등이 명시되어 있어야 한다. 연구에 참여시키기를
거절할 성인의 책임은 존중되어야 하고, 이들에게는 자신이나 아
동에게 어떠한 손해도 없이 연구 참여를 중지할 수 있는 권리가
있다는 사실이 미리 공지되어야 한다.

원칙 4. 추가 동의 : 아동과의 상호작용이 연구의 대상일 경우 아동과 상
호작용하는 당사자(가령, 교사)에게도 연구 동의서를 받아야 한
다. 아동이나 부모(혹은 보호자)의 경우와 마찬가지로, 연구과정
중 아동과 상호작용하는 사람들도 연구 참여여부를 자발적으로
결정할 수 있도록 하기 위해 연구의 모든 측면에 대해 설명을 해
주어야 한다. 이들에 제기한 모든 질문에는 답변을 해주어야 하
고, 이들은 참여여부를 자발적으로 결정할 수 있다는 점과 언제든
지 참여를 중지할 수 있는 권리가 있다는 점을 알 수 있어야 한다.

원칙 5. 인센티브 : 연구 프로젝트에 참여할 때 제공하는 인센티브는 공정
하고, 아동이 평상시 경험하는 정도의 수준을 넘지 않는 것이어야

range of incentives that the child normally experiences. Whatever incentives are used, the investigator should always keep in mind that the greater the possible effects of the investigation on the child, the greater is the obligation to protect the child's welfare and freedom.

Principle 6. DECEPTION: Although full disclosure of information during the procedure of obtaining consent is the ethical ideal, a particular study may necessitate withholding certain information or deception. Whenever withholding information or deception is judged to be essential to the conduct of the study, the investigator should satisfy research colleagues that such judgment is correct. If withholding information or deception is practiced, and there is reason to believe that the research participants will be negatively affected by it, adequate measures should be taken after the study to ensure the participant's understanding of the reasons for the deception. Investigators whose research is dependent upon deception should make an effort to employ deception methods that have no known negative effects on the child or the child's family.

Principle 7. ANONYMITY: To gain access to institutional records, the investigator should obtain permission from responsible authorities in charge of records. Anonymity of the information should be preserved and no information used other than that for which permission was obtained. It is the investigator's responsibility to ensure that responsible authorities do, in fact, have the confidence of the participant and that they bear some degree of responsibility in giving such permission.

한다. 어떤 인센티브를 주는 가와 상관없이, 연구자는 아동을 연구함으로써 얻는 이익이 클수록, 아동의 복지와 권리를 보호해 줄 의무 역시 커진다는 점을 항상 명심하고 있어야 한다.

원칙 6. 속임 : 연구 동의서를 받는 과정에서 연구과정에 대한 모든 정보를 알려주어야 하는 것이 기본 원칙이지만, 어떤 연구에서는 특정한 정보를 알려주지 않거나 속여야 할 경우가 있다. 연구를 수행하기 위해 특정 정보를 알려주지 않거나 속이는 것이 연구를 진행하기 위해 불가피하다고 판단이 될 경우라도 연구자는 이러한 판단이 옳은 것인지의 여부를 동료 연구자들에게 평가받아야 한다. 특정 정보를 알려주지 않거나 속이는 과정을 연구 중 실행하고, 이러한 과정이 연구대상자에게 부정적인 영향을 미칠 가능성이 있다고 판단될 경우에는 연구가 끝나고 난 후 연구대상자를 속인 불가피한 이유에 대해 이들의 이해를 구하여야 한다. 연구과정에서 불가피하게 연구대상자를 속여야 하는 연구자는 아동이나 가족에게 부정적인 영향을 미친다고 밝혀진 적이 없는 방법을 사용하도록 해야 한다.

원칙 7. 익명성 : 연구자가 기관의 기록들을 얻어야 할 경우에는 이 기록에 대한 책임을 지고 있는 책임자에게 허락을 구하여야 한다. 기록을 얻은 후에는 정보의 익명성을 지켜야 하고, 허락한 범위 외의 용도로 사용하지 말아야 한다. 사실, 그 담당자가 연구대상자로터 신의를 받고 있는 사람이라는 점, 그 담당자는 이러한 허락을 해준 데 대해 소정의 책임이 있다는 점을 안전하게 지켜주는 것은 전적으로 연구책임자의 몫이다.

Principle 8. MUTUAL RESPONSIBILITIES: From the beginning of each research investigation, there should be clear agreement between the investigator and the parents, guardians or those who act in loco parentis, and the child, when appropriate, that defines the responsibilities of each. The investigator has the obligation to honor all promises and commitments of the agreement.

Principle 9: JEOPARDY: When, in the course of research, information comes to the investigator's attention that may jeopardize the child's well-being, the investigator has a responsibility to discuss the information with the parents or guardians and with those expert in the field in order that they may arrange the necessary assistance for the child.

Principle 10. UNFORESEEN CONSEQUENCES: When research procedures result in undesirable consequences for the participant that were previously unforeseen, the investigator should immediately employ appropriate measures to correct these consequences, and should redesign the procedures if they are to be included in subsequent studies.

Principle 11. CONFIDENTIALITY: The investigator should keep in confidence all information obtained about research participants. The participants' identity should be concealed in written and verbal reports of the results, as well as in informal discussion with students and colleagues. When a possibility exists that others may gain access to such information, this possibility, together with the plans for protecting confidentiality, should be explained to the participants as part of the

원칙 8. 상호 책임 : 연구의 시작단계부터 연구자와 부모(보호자) 및 아동 간에는 각자의 책임 한계에 대해 명백한 동의가 이루어져야 한다. 연구자는 모든 약속과 동의 사항을 실행해야 하는 의무가 있다.

원칙 9. 위험 : 연구자는 연구과정 중 아동의 복지를 위협하는 요소가 있을 수 있다는 사실을 인식하게 될 경우 이를 부모 및 보호자와 해당 분야의 전문가와 의논하여 아동을 도울 수 있는 방법을 모색해야 한다.

원칙 10. 예견하지 못한 결과 : 연구과정이 진행되는 도중 예견할 수 없었던 바람직하지 못한 결과가 연구대상자에게 발생할 경우, 연구자는 즉시 이를 수정할 수 있는 적합한 방법을 취하고, 이후의 연구과정을 다시 설계하여야 한다.

원칙 11. 기밀 : 연구자는 연구대상자로부터 얻은 모든 정보에 대한 기밀을 지켜야 한다. 연구결과를 문서나 구두로 발표할 때뿐 만 아니라, 학생들이나 동료들과 비공식적인 석상에서 논의할 때에도 연구대상자의 신원을 밝히지 말아야 한다. 연구대상자의 신원 정보가 다른 사람에게 알려질 가능성이 있다면, 연구대상자에게 연구 동의서를 받기위해 연구과정에 대한 설명을 하는 과정에서 이러한 가능성과 이를 어떻게 방지할 것인지의 계획에 대해서 명백히 설명해주어야 한다.

procedure of obtaining informed consent.

Principle 12. INFORMING PARTICIPANTS: Immediately after the data are collected, the investigator should clarify for the research participant any misconceptions that may have arisen. The investigator also recognizes a duty to report general findings to participants in terms appropriate to their understanding. Where scientific or humane values justify withholding information, every effort should be made so that withholding the information has no damaging consequences for the participant.

Principle 13. REPORTING RESULTS: Because the investigator's words may carry unintended weight with parents and children, caution should be exercised in reporting results, making evaluative statements, or giving advice.

Principle 14. IMPLICATIONS OF FINDINGS: Investigators should be mindful of the social, political and human implications of their research and should be especially careful in the presentation of findings from the research. This principle, however, in no way denies investigators the right to pursue any area of research or the right to observe proper standards of scientific reporting.

Principle 15. SCIENTIFIC MISCONDUCT: Misconduct is defined as the fabrication or falsification of data, plagiarism, misrepresentation, or other practices that seriously deviate from those that are commonly accepted within the scientific community for proposing, conducting, analyzing, or reporting research. It does

원칙 12. 연구 참여자에게 정보를 밝히기 : 오해의 소지가 있는 상황이 있다면, 연구자는 데이터 수집이 끝나는 즉시 연구대상자에게 이를 명백히 해명해주어야 한다. 또한 연구자는 일반적인 연구결과에 대해서 연구 참여자가 이해할 수 있는 수준으로 알려 주어야 한다. 연구과정 중 특정 정보를 알려주지 말아야 하는 정당한 과학적, 현실적 근거가 있는 경우에도 연구자는 이러한 행위가 연구대상자에게 해를 입히지 않도록 최선의 노력을 다하여야 한다.

원칙 13. 결과 보고 : 연구결과를 발표하고, 결론을 내리고, 제언을 하는 과정에서 연구자가 사용하는 어휘가 부모와 아동에게 의도치 않은 부담을 주지 않도록 주의해야 한다.

원칙 14. 결과의 함의 : 연구자는 자신의 연구가 가지는 사회적, 정치적, 인간적 측면의 함의를 숙고해보아야 하고, 연구결과를 발표할 때는 특히 이 점에 유의해야 한다. 그러나 이러한 제한 때문에 과학적 기준에 어긋한 보고를 하거나 연구 분야를 제한하는 일은 없어야 한다.

원칙 15. 연구수행에서의 비리 : 비리란 데이터의 조작 및 가공, 표절, 허위 진술 및 연구자들의 행하는 연구계획·시행·분석·보고의 과정에서 통상적으로 수용되는 범위를 심각하게 벗어난 행위들을 의미한다. 이는 데이터를 해석하는 데 있어 의도치 않은 실수를 하였거나 정직한 자세로 다르게 해석하는 것을 포함하지는 않는다. 학회는 연구자의 성실함과 연구의 정직성을 토대로 과

not include unintentional errors or honest differences in interpretation of data. The Society shall provide vigorous leadership in the pursuit of scientific investigation that is based on the integrity of the investigator and the honesty of research and will not tolerate the presence of scientific misconduct among its members. It shall be the responsibility of the voting members of Governing Council to reach a decision about the possible expulsion of members found guilty of scientific misconduct.

Principle 16. PERSONAL MISCONDUCT: Personal misconduct that results in a criminal conviction of a felony may be sufficient grounds for a member's expulsion from the Society. The relevance of the crime to the purposes of the Society should be considered by the Governing Council in reaching a decision about the matter. It shall be the responsibility of the voting members of Governing Council to reach a decision about the possible expulsion of members found guilty of personal misconduct.

출처 : http://www.srcd.org/ethicalstandards.html(2005. 3. 10)

학적 탐구를 추구할 수 있도록 리더십을 발휘해야 한다. 회원들 중에 위와 같은 연구수행상의 비리를 저지른 사람이 있을 경우 이를 용인하지 말아야 하고, 해당 회원을 탈퇴시키도록 조치해야 한다.

원칙 16. 개인적인 비리 : 법적으로 처벌받는 중죄를 저지른 경우 회원을 탈퇴시킬 충분한 근거가 된다. 학회의 목적과 관계되는 범죄인지의 여부는 이사회에서 충분히 논의되고 표결에 부쳐야 한다.

출처 : http://www.srcd.org/ethicalstandards.html(2005. 3. 10)

찾/아/보/기

내용

저자소개 —— 가나다순

안동현
〈2장〉
서울대학교 의과대학(학사)
서울대학교 의과대학(석사)
서울대학교 의과대학(박사)
현재 한양대학교 의과대학 교수

저서 및 논문
주의력 결핍 장애아동의 사회기술훈련(2004)
아동의 정신병리진단과 평가(2004)

이 옥
〈1장〉
서울대학교 가정대학(학사)
서울대학교 가정대학(석사)
미국 University of Pittsburgh 교육학(박사)
현재 덕성여자대학교 아동가족학과 교수

저서 및 논문
한국의 아동지표(2001)
영아보육의 활성화 방안(2004)

이완정
〈7장〉
서울대학교 가정대학(학사)
서울대학교 아동학(석사)
미국 Utah State University 아동학(박사)
현재 인하대학교 소비자아동학과 교수

저서 및 논문
한 자녀아동의 삶과 권리 (2004)
아동복지: 이론과 실천(공저, 2003)

이재연
〈4장〉
서울대학교 가정대학(학사)
서울대학교 가정대학(석사)
미국 Oregon State University(아동학 전공 석사)
미국 Oregon State University(인간발달 전공 박사)
현재 숙명여자대학교 아동복지학과 교수

저서 및 논문
아동환경(2004)
보육시설 안전·영양관리 실태조사 및 정책대안연구(2004)

이혜경

〈3장〉

숙명여자대학교 정치학(학사)
숙명여자대학교 정치학(석사)
숙명여자대학교 아동복지학(박사과정 수료)
현재 숙명여자대학교, 순천향대학교 강사

저서 및 논문
아동의 위험에 대한 이해(1998)
학교 등의 교통안전교육체계 추진방안에 관한연구(2000)

정선아

〈6장〉

숙명여자대학교 아동복지학(학사)
숙명여자대학교 아동복지학(석사)
미국 Harvard University 교육학(석사)
미국 University of Illinois at Urbana-Champaign 유아교육학(박사)
현재 숙명여자대학교 아동복지학과 교수

저서 및 논문
교사들이 구성하는 아동중심교육의 의미(2004)
툴리 선생님 반 이야기(역, 2004)

황옥경

〈5장〉

한남대학교 사범대학(학사)
숙명여자대학교 아동복지학(석사)
숙명여자대학교 아동복지학(박사)
영국 Dundee University(M. Phil.)
현재 서울신학대학교 보육학과 교수

저서 및 논문
아동권 기초현황조사(2004)
외국의 청소년 인권정책연구(2004)

저자와의
협약으로
인지생략

아동권리 보호와 연구윤리

2005년 5월 2일 1판 1쇄 인쇄
2005년 5월 7일 1판 1쇄 발행

지은이 • 한국아동권리학회 편
펴낸이 • 김 진 환
펴낸곳 • 학지사
121-837 서울시 마포구 서교동 352-29 마인드월드빌딩 5층
대표전화 02)326-1500 팩스 02)324-2345
홈페이지 www.hakjisa.co.kr
등록 1992년 2월 19일 제2-1329호

ISBN 89-5891-119-0 93370

정 가 12,000원

파본은 바꾸어 드립니다.